新编学生国学丛书

文心雕龙

庄适　司马朝军　选注

中国文史出版社

图书在版编目（CIP）数据

文心雕龙/庄适，司马朝军选注．——北京：
中国文史出版社，2019.11

（新编学生国学丛书/缪天绶等主编）

ISBN 978-7-5205-1817-8

Ⅰ.①文… Ⅱ.①庄… ②司… Ⅲ.①文学理论－中国－南朝时代 ②《文心雕龙》－注释 Ⅳ.①I206.391

中国版本图书馆CIP数据核字(2019)第278207号

责任编辑：金　硕

出版发行：**中国文史出版社**
社　　址：北京市海淀区西八里庄路69号院　　邮　　编：100142
电　　话：010-81136606　81136602　81136603　81136605（发行部）
传　　真：010-81136655
印　　厂：北京温林源印刷有限公司
经　　销：全国新华书店
开　　本：880mm×1230mm　1/32
印　　张：4.625
字　　数：97千字
版　　次：2020年2月北京第1版
印　　次：2020年2月第1次印刷
定　　价：19.80元

总　　序

冯天瑜

作为汉字古典词，“国学”本谓周朝设于王城及诸侯国都的贵族学校，以与地方性、基层性的“乡校”“私学”相对应。隋唐以降实行科举制，朝廷设“国子监”，又称“国子学”，简称“国学”，有朝廷主持的国家学术之意。

时至近代，随着西学东渐的展开，与来自西洋的“西学”相比配，在汉字文化圈又有特指本国固有学术文化的“国学”一名出现。如江户幕府时期（1601—1867）的日本人，自18世纪起，把流行的学问归为三类：汉学（从中国传入）、兰学（从欧美传入，19世纪扩称洋学）、国学（从《古事记》《日本书纪》发展而来的日本固有学术）。19世纪末、20世纪初，中国留日学生与入日政治流亡者，以及活动于上海等地的学人，采借日本已经沿用百余年的“国学”一名，用指中国固有的学术文化。1902年梁启超（1873—1929）撰文，以“国学”与“外学”对应，强调二者的互动共济，梁氏曰：“今日欲使外学之真精神普及于祖国，则当转输之任者，必邃于国学，然后能收其效。”（《论中国学术思想变迁之大势》）1905年国粹派在上海创办《国粹学报》，公示“发明国学，保存国粹”宗旨。这里的“国学”意为“国粹之学”。该刊发表章太炎（1869—1936）、刘师培（1884—1920）、陈去病（1874—1933）等人的经学、史学、诸子学、文字训诂方面文章，以资激励汉人的民族精神与文化自信。从此，中国人开始在“中国固有学术文化”意义上使用“国学”一词，为“国故之学”的简称。所谓“国故”，指中国传统的学术文化之故实，此前清人多有用例，如魏源（1794—1857）认为，学者不应迷恋词章，学问要从“讨朝章、讨国故始”（《圣武记》卷一一），这“讨国故”的学问，也就是后来所谓之国学。

经清末民初诸学者（章太炎、梁启超、罗振玉、王国维、刘师培、黄侃、陈寅恪等）阐发和研究，国学所涉领域大定为：小学、经学、史学、诸子、文学，约与现代人文学的文、史、哲相当而又加以综汇，突现了中国固有学术整体性特征，可与现代学校的分科教学相得益彰、彼此促进，故自 20 世纪初叶以来，“国学”在中国于起伏跌宕间运行百年，多以偏师出现，而时下又恰逢勃兴之际。

中国学术素有“文、史、哲不分家”的传统，中国学术的优势与缺陷皆与此传统相关。百年来的中国学校教育仿效近代西方学术体制，高度分科化，利弊互见。其利是促进分科之学的发展，其弊是强为分割知识。为克服破碎大道之弊，有人主张打通文、史、哲壁垒，于是便有综汇中国人文学的“国学”之创设，并编纂教材，进于学校教育、家庭教育、社会教育，其先导性教材结集，为 20 世纪 20 年代至 30 年代原商务印书馆由王云五策划并担任主编的《万有文库》之子系《学生国学文库》。所收均为四部重要著作。略举大凡：经部如诗、礼、春秋，史部如史、汉、五代，子部如庄、孟、荀、韩，并皆刊入；文辞则上溯汉、魏，下迄近代，诗歌则陶、谢、李、杜，均有单本，词则多采五代、两宋。丛书凡 60 册，已然囊括了“国学”之精粹。其鲜明之特色是选注者掺入了对原著的体味，经史诸书选辑各篇，以表见其书、其作家之思想精神、文学技术、历史脉络者为准。其无关宏旨者，概从删削、剔抉。选注者中不乏叶圣陶、茅盾、邹韬奋、傅东华这样的学界翘楚。他们对传统国学了然于胸，于选注自然是举重若轻，驾轻就熟。这样一份业经选注者消化、反刍的国学精神食粮自然更便于国学入门者吸收。

这样一套曾在20世纪初在传播传统文化、普及国学知识方面起到重要的作用的丛书即便今天来看也是历久弥新。中国文史出版社因应时势，邀约深谙国学之行家里手于原辑适当删减、合并、校勘，以 30 册 300 余万言，易名《新编学生国学丛书》呈献当今学子。诸书均分段落，作标点，繁难字加注音，以便省览。诸书原均有注释，古籍异释纷如，原已采其较长者，现做适当取舍、增删。诸书较为繁难、多音多义之字，均注现代汉语拼音，以便讽颂。诸书卷首，均有选注者序，述作者生平、本书概要、参考书举要等，凡所以示读者研究门径者，不厌其详，现一仍其旧。

这样一套入门的国学读物，读者苟能熟读而较之，冥默而求之，国学之精要自然神会。

是为序。

校订说明

丛书原名《学生国学文库》，为 20 世纪二三十年代商务印书馆王云五主编《万有文库》之子系，现易名《新编学生国学丛书》，奉献给广大国学爱好者。

原丛书共 60 种，考虑到难易程度、四部平衡、篇幅等因素，在广泛征求专家意见基础上，现删减为 34 种 30 册。

基本保留了原书的篇章结构。因应时势有极少量的删节。

原文部分，均选用通用、权威版本全文校核，参以校订者已见做了必要的校核和改订。为阅读的通顺、便利，未一一标注版本出处。

注释根据原文的结构分别采用段后注、文后注，以便读者省览。原注作了适当增删，基本上保持原文字风格，之乎者也等虚词适当剔除，增删力求通畅、易懂，避免枝蔓。典实、注引做了力所能及的查证，但因才学的有限疏漏可能在所难免。

原书为繁体竖排，现转简体横排。简化按通行规则，但考虑到作为国学读物，普及小学知识亦在情理之中，故而保留了少量通假字、繁体字、异体字，一般都出注说明。或许亦可增加读者的阅读兴趣和扩大知识面。

生僻、多音字作相应注音，原反切、同音、魏妥玛注音，均统一改现代汉语拼音。

国学读物校订，工作浩繁，往往顾此失彼，多有不当处，还望读者指正。

绪　言

一、本书在中国文学批评史上的地位

文学批评书，负有指导文学逐渐改进的使命，外国把它当作一种专门学问，它的重要，可想而知。我国数千年来，这类的书，很少很少；像魏文的《典论论文》，陆机的《文赋》，李充的《翰林论》等，都是零篇琐简，不成气候，钟嵘的《诗品》，比较齐整，但也算不得完善之作。说到整部的有系统的文学批评作品，不得不推刘勰的《文心雕龙》。

二、本书作者——刘勰

刘勰，字彦和，东莞莒人；东莞侨置京口，所以勰住在京口。他父亲刘尚早死，家道很穷，不娶妻，跟着沙门僧祐同居，因此博通佛典。当时文学作风，专尚雕琢，他很不谓然，就作成一部伟著《文心雕龙》，加以评论。他想把书拿给当代文豪沈约去鉴定，苦于无门可入，乃装作卖书人，候约出时，献给约看，约很赏识，说是“深得文理”。梁天监初年，勰做了临川王萧宏的记室；后来做到步兵校尉，兼东宫通事舍人，深受昭明太子萧统喜爱。他从小信佛，都下寺塔及名僧碑志，多半是他制作。末年奉诏撰经，撰成了，烧去须发，要求出家，得诏允许；他就变服为僧，改名慧地。

不久死去。

三、本书著成的时期

刘氏《文心》何时著成？读他的传，说是将书请沈约去鉴定，而苦于无门可入，是沈约贵显时可知，而沈约在和帝时才贵显，那么此书是齐末主和帝时著成的了。清刘毓崧《通谊堂集·书〈文心雕龙〉后》也说：书成于齐，且在齐末，举有三证，此处举其二证：《时序》篇有“皇齐驭宝”之语，全书自唐虞至刘宋，都只举代名，独于萧齐加一“皇”字，此证一；《时序》于齐主，皆称祖称宗，与魏晋诸主称谥号而不称庙号者不同，而齐第五主明帝，篇中已称为宗，此后只有在位三年的东昏侯及一年的和帝了，齐末始成书，此证二。他的说法，很是准确。

四、刘勰的主张

刘氏作《文心雕龙》，有二种主张。第一种前面已略为提示，是不满意当时雕琢的作风，不满意雕琢，便主张自然了。他以为文学的抒写，只在自然，不用故意的造作。原书中标明这个意旨的去处很多，《原道》说：“心生而言立，言立而文明，自然之道也。”《明诗》说：“人秉七情，应物斯感，感物吟志，莫非自然。”这些都可证明他第一种主张。第二种是主张写实。他以为文学主于情性，应当抒写真实的情感，虚伪夸饰无病而呻的作品，都所不取。《情采》：“诗人什篇，为情而造文，辞人赋颂，为文而造情……

后之作者，采滥忽真，远弃风雅，近师辞赋，故体情之制日疏，逐文之篇愈盛，故有志深轩冕，而泛咏皋壤，心缠机务，而虚述人外，真宰弗存，翩其反矣。”这于写实的主张，说得何等明畅！

五、作者立论的态度

刘氏虽不满当时的作风，而另有主张，立论的态度，却非常公正，是则是，非则非，并不同一般批评家的肆口谩骂，也不作广告性的互相标榜，看他《序志》中“有同乎旧谈者，非雷同也，势自不可异也；有异乎前论者，非苟异也，理自不可同也。同之与异，不屑古今，擘肌分理，唯务折衷”数语，可以概见。便是反对雕琢主张自然的一点，他也并不是完全不用辞藻，不过去泰去甚罢了；否则原书句多骈丽，书名又取雕龙，作者将无以自解。

六、本书的内容

《文心雕龙》共五十篇，据《序志》，分上下二篇。上篇二十五篇，论文学的原理及文体的变迁；下篇前二十四篇，论修辞的原理及方法，末一篇只算是自序。编制法极有条理，极有组织。但是整理的功夫，似有欠缺；最显著的，如《时序》总论其势，《才略》各论其人，二篇体例相同，应当联接，中间掺入一篇《物色》，殊为不伦；其他排次凌乱的地方还有。至于纯文学与普通文学，晋代就有分别，刘氏还将他混合着说，这也违反了时代的潮流。然而《文心》

终不愧为仅有的文学批评杰作，虽有那些疵累，价值仍不减损。

七、本编的编例

本编仅选《原道》《宗经》及下篇二十四篇，供初学者之用。

本编讹脱很多，都审慎考正，惟善是从。

注《文心雕龙》的书，据《宋史·艺文志》，有辛氏本，今已不传。至清代而有黄叔琳注本，李详补注本；近时有黄侃《札记》及其高足范文澜注本。本编训解，除编者自注外，余都参采四家。但搜集犹多不及，倘蒙海内博雅不吝见告，欣幸之至。

目　录

原　道[①]

文之为德也大矣[②]！与天地并生者何哉？夫玄黄色杂，方圆体分[③]，日月叠壁，以垂丽天之象[④]；山川焕绮，以铺理地之形[⑤]：此盖道之文也。仰观吐曜，俯察含章[⑥]，高卑定位，故两仪既生矣[⑦]。惟人参之，性灵所钟，是谓三才[⑧]。为五行之秀[气]，实天地之心[生][⑨]。心生而言立，言立而文明，自然之道也。傍及万品，动植皆文：龙凤以藻绘呈瑞，虎豹以炳蔚凝姿[⑩]；云霞雕色[⑪]，有逾画工之妙；草木贲华[⑫]，无待锦匠之奇。夫岂外饰，盖自然耳。至于林籁结响，调如竽瑟；泉石激韵，和若球锽[⑬]；故形立则章成矣，声发则文生矣。夫以无识之物，郁然有彩；有心之器，其无文欤？

---

①原：本也。《序志》："盖《文心》之作也，本乎道。"道：即自然之道。关于"道"的实质，学界争议颇多。有的认为"道"主要是儒家之道，但兼有佛家之道，所谓"儒佛兼综"；有的认为主要是佛家之道，兼有儒家之道，所谓"以佛统儒，佛儒合一"；有的则认为是道家之道；有的又认为是兼综儒、佛、道三家之道的"杂拌式的道"。吴林伯认为是儒家之道。　②王元化《文心雕龙讲疏》："文之得以为文，就因为它是从道中派

生出来的。”吴林伯《文心雕龙义疏》：“程子、张子以‘功用’、‘功效’训德，是也。” ③玄黄，方圆：皆谓天地。《易·坤卦·文言》：“夫玄黄者，天地之杂也，天玄而地黄。”《大戴礼记·曾子天圆》：“天道曰圆，地道曰方。”《庄子·说剑》：“上法圆天，下经方地。” ④《易·离卦·象辞》：“日月丽乎天。”丽：犹附，附丽。 ⑤焕绮：鲜美的锦绣。王充《论衡》：“天有日、月、星、辰之文，地有山、川、陵、谷之理。” ⑥吐曜：谓天空日、月光芒的吐露。含章：包含的文采，指地理。 ⑦《易·系辞》：“天尊地卑，乾坤定矣；卑高以陈，贵贱位矣。”两仪：即天地。 ⑧天地人为三才。 ⑨人为五行之秀气，见《礼记·礼运》。又谓：人为天地之心，五行之端。五行为金木水火土，分行四时，各有其德。“气”“生”二字据杨明照《文心雕龙校注拾遗》补。 ⑩藻绘：指华彩。《管子·水地篇》：“龙生于水，被五色而游，故神。”《韩诗外传》八：“夫凤五彩备明。”《论衡·书解篇》：“龙鳞有文，神凤五色。”炳蔚：光辉。《易·革卦·象辞》：“大人虎变，其文炳也。君子豹变，其文蔚也。” ⑪云霞雕色，《艺文类聚》卷一引《河图括地象》：“昆仑山出五色云气。”《宋书·符瑞志下》：“云有五色，太平之应也。” ⑫贲：古“斑”字，文章貌。黄侃《文心雕龙札记》云：“有文饰黄白貌。”杨明照《文心雕龙校注拾遗》：“按《易·序卦传》：‘贲者，饰也。’此‘贲’字亦当训为饰。黄氏引傅、王两家音谊，于此均不惬。” ⑬球：玉磬。锽：钟声。“林籁”二句义为：风过林梢，仿佛管弦吹奏；泉石激荡，好似钟磬齐鸣。

人文之元，肇自太极①。幽赞神明，《易》象惟先②。庖牺画其始③，仲尼翼其终④。而乾坤两位，独制《文言》⑤。言之文也，天地之心哉！若乃《河图》孕乎八卦⑥，《洛书》韫乎《九畴》⑦，玉版金（镂）[缕]之实，丹文绿牒之华⑧，谁其尸之⑨？亦神理而已。自鸟迹代绳，文字始炳⑩。炎、皞遗事，纪在《三坟》⑪；而年世（渺）[眇]邈，声采靡追。唐虞文章，则焕乎（始）[为]盛。元首载歌，既发吟咏之志⑫；益稷陈谟，亦垂敷奏之风⑬。夏后氏兴，业峻鸿绩⑭，九序惟歌⑮，勋德弥缛⑯。逮及商周，文胜其质，雅颂所被⑰，英华日新。文王患忧，繇辞炳（曜）[耀]⑱，符采⑲复隐，精义坚深。重以公旦多（材）[才]，振其徽烈，（剬）[制]《诗》缉颂⑳，斧藻群言㉑。至夫子继圣，独秀前哲；镕钧《六经》㉒，必金声而玉振㉓；雕琢（情性）[性情]，组织辞令；木铎（起）[启]而千里应㉔，席珍流而万世响㉕；写天地之辉光，晓生民之耳目矣。

---

①元、肇：皆始也。太极：谓生天地之前。　②幽：深也。赞：明也。《易·说卦》："昔者，圣人之作《易》也，幽赞于神明。"幽赞神明：阐明奥妙。《易》象：即《易经》的卦象。《汉书·眭两夏侯京翼李传赞》："幽赞神明，通合天人之道者，莫著乎《易》《春秋》。"　③庖牺：又作"伏羲"，相传为中华民族人文始祖，详参闻一多《伏羲考》。庖牺始作八卦，以通

神明之德，以类万物之情。见《易·系辞》。 ④孔子作《上彖》《下彖》《上象》《下象》《上系》《下系》《文言》《说卦》《序卦》《杂卦》，是为《十翼》。 ⑤《易》六十四卦，惟《乾》《坤》二卦有《文言》。文，文饰，以乾坤德大，故特文饰以为《文言》。 ⑥《易·系辞》："河出图，洛出书，圣人则之。"龙马负图出于黄河，伏羲效法《河图》以画八卦。八卦即《易》之乾、坎、艮、震、巽、离、坤、兑。 ⑦《尚书·洪范》："天乃锡禹《洪范九畴》。"禹治水，洛龟负文，有数至九，是为《洛书》。禹效法《洛书》，以成《九畴》。《九畴》：谓治理天下的九类大法。 ⑧玉版金缕：用金线连接的玉版。丹文绿牒：写有红色文字的绿版。 ⑨《诗·召南·采蘋》"谁其尸之"。《毛传》："尸，主。" ⑩上古结绳而治，大事作大结，小事作小结，及黄帝史官仓颉见鸟兽足迹始造文字。⑪炎皞：指炎帝神农氏、太皞庖牺氏。《三坟》：古书名，久亡。今存《三坟书》，分山坟、气坟、形坟，旧说以《连山》为伏羲作，《归藏》为神农作，《乾坤》为黄帝作，各衍为六十四卦，系之以传，且杂以河图，但周秦以迄隋唐绝无引用，实系北宋人伪造。 ⑫《书·舜典》载帝歌，有"元首起哉""元首明哉"之语。 ⑬《书》有伪《益稷》篇。益、稷：伯益与后稷皆尧舜时大臣。 ⑭后：君也，帝也。兴：起也，谓建立夏王朝。业、绩：功也。峻鸿：大也。 ⑮《古文尚书·大禹谟》："禹曰：政在养民。水、火、金、木、土、谷惟修；正德、利用、厚生惟和。九功惟序；九序惟歌。" ⑯缛：繁采饰也。《说苑·修文篇》："德弥盛者，文弥缛。" ⑰《诗》分风、雅、颂。 ⑱繇（zhòu）：通“籀”。繇辞：卜兆辞。《易》之卦爻辞，并是文王所作。相传文王囚于羑里，而演《周易》。 ⑲符采：玉之横文。本篇喻辞藻。 ⑳公旦：周公姓姬名旦，文王之子，武王之弟，成王之叔。他毕生辅佐武王和成王父子，在政治上大有作为，在文化上大有开拓，是中国文化史上极为重要的人物。《诗·豳风》之《七月》《鸱鸮》，《周颂》之《时迈》，皆周公所作，故曰“剬《诗》缉《颂》”。剬：古“制”字。 ㉑斧藻：琢磨，修饰文采。 ㉒镕钧：陶铸之意，以喻修订。镕钧《六经》，即删述六经。 ㉓言孔子之德，犹作乐者以钟发声，以磬收韵，合众音而成之。《孟子·万章下》：“集大成也者，金声而玉振之也。金声也者，始条理也；玉振之也者，终条理也。始条理者，智之事也；终条理也者，圣之事也。”旧谓孔子集诸圣之大成，宋子集诸贤之大成。 ㉔木铎：上古施政教时所振之大铃，铜口木舌。喻孔子制作法度，宣扬教化。《论语·八佾》：“天下之无道也久矣，天将以夫子为木铎。” ㉕《礼记·儒行》：“儒有席上之珍以待聘。”此处以“席珍”指代道。

爰自风姓①，暨于孔氏②，玄圣③创典，素王④述训，莫不原道心⑤以（敷）[裁]章，研神理而设教⑥。取象乎《河》《洛》，问数乎蓍龟⑦，观天文以极变，察人文以成化⑧。然后能经纬区宇⑨，弥纶彝宪⑩，发（辉）[挥]事业，彪炳辞义。故知道沿圣以垂文，圣因文而明道，旁通而无（滞）[涯]，日用而不匮⑪。《易》曰：“鼓天下之动者存乎辞。”⑫

辞之所以能鼓天下者，乃道之文也。

---

①爰：发语词。自：从也。风姓：伏羲之姓。　②暨：至，到。孔氏：孔子。　③玄圣：指有大德而无爵位的圣人，此处指伏羲。　④素王：谓具有帝王之德而未居帝王之位者。此处专指孔子。刘勰以伏羲为有位的玄圣，乃称“创典”；孔子为无位之素王，故称其“述训”。“训”者，旧典之义训也。　⑤道心：指天理、义理。陆侃如注：“道是自然之道，那么道的心应该指自然之道的基本精神。”　⑥神理：犹神道。谓冥冥之中具有无上威力，能显示灵异，赐福降灾的神灵之道。《易·观象》：“圣人以神道设教。”　⑦蓍龟：蓍草与龟甲。古人以之占卜吉凶，因以指占卜。　⑧天文：指日月星辰等天体在宇宙间分布运行等现象。人文：指礼乐教化。孔颖达疏：“言圣人观察人文，则诗书礼乐之谓，当法此教而化成天下也。”　⑨区宇：天下。　⑩弥纶：缠裹。彝宪：常法。　⑪匮：竭。⑫见《易·系辞》。辞：爻辞。谓观辞以知得失。

赞曰：道心惟微①，神理设教。光采元圣②，炳耀仁孝③。龙图④献体，龟书⑤呈貌。天文斯观，民胥以效⑥。

---

①《古文尚书·大禹谟》：“人心惟危，道心惟微。”微：精微要妙。　②元圣：即大圣人。元：诸本作“玄”，杨明照《文心雕龙校注拾遗》认为涉篇中“玄圣创典”句而误。　③炳耀：

昭彰，昭扬。“仁”以“孝”为体，故“仁”、“孝”连文。

④龙图：即河图。　⑤龟书：即洛书。　⑥胥：皆也。效：仿也，法也。民：人也。

宗　经[1]

三极彝训，其书（言）[曰]经[2]。经也者，恒久之至道，不刊之鸿教也[3]。故象天地，效鬼神，参物序，制人纪；洞性灵之奥区，极文章之骨髓者也。皇世《三坟》，帝代《五典》，重以《八索》，申以《九丘》[4]；岁历绵暖，条流纷糅[5]。自夫子删述，而大宝（咸）[启]耀[6]。于是《易》张《十翼》[7]，《书》标“七观”[8]，《诗》列“四始”[9]；《礼》正“五经”[10]，《春秋》“五例”[11]。义既极乎性情，辞亦匠于文理，故能开学养正，昭明有融[12]。然而道心惟微，圣谟卓绝；墙宇重峻，而吐纳自深[13]。譬万钧之洪钟，无铮铮之细响矣[14]。

---

①宗经，《序志》：“盖《文心》之作也……体乎经。”刘永济《文心雕龙校释》云：“舍人所标宗经六义，中包三事。三事者，孔子赞《易》所谓‘意’‘言’‘书’，孟子论文所谓‘志’‘辞’‘文’也。此篇之情深风清，‘志’之事也。事信义直，‘辞’之事也。体约文丽，‘文’之事也。三者旨约而义宏，不但为论文之标准，且已尽文家之能事。”吴林伯《文心雕龙义疏》云：“宗经就是要因经典之典雅，革辞人之浮诡。”　②三

极：即三才。《易·系辞》："三极之道。"孔颖达谓天地人三才至极之道。彝训，常道。言，唐写本作"曰"。　③经：经典，指六经。鸿教：伟大的教化。　④《三坟》《五典》《八索》《九丘》：皆古书名，见《左传》昭公十二年。孔安国《尚书·序》："伏羲、神农、黄帝之书谓之三坟，言大道也。少昊、颛顼、高辛、唐虞之书谓之五典，言常道也。八卦之说谓之八索，九州之志谓之九丘。"重以："重之以"之省。《广雅》："重，再也。"非轻重之重。申以：犹重以。　⑤岁历：年历。绵暧：久远。条流：流派、类别。纷糅：杂乱。⑥夫子：孔子。大宝，喻精义。咸耀：都显露。　⑦张：昭宣。　⑧标：彰著。《甘誓》《汤誓》《泰誓》《牧誓》《费誓》《秦誓》六誓可以观义，《酒诰》《召诰》《洛诰》《大诰》《康诰》五诰可以观仁，《甫刑》可以观诫，《洪范》可以观度，《禹贡》可以观事，《皋陶谟》可以观治，《尧典》可以观美，是谓七观。见《尚书大传》。　⑨《关雎》者，风之始；《鹿鸣》者，小雅之始；《文王》者，大雅之始；《清庙》者，颂之始。　⑩礼之五经，谓吉、凶、军、宾、嘉。　⑪五例：《春秋》为例之情有五：微而显，志而晦，婉而成章，尽而不污，惩恶而劝善。见杜氏《春秋左氏传》序。　⑫开学养正，《易·蒙卦》："蒙以养正，圣功也。"谓能以蒙昧隐默，自养正道，乃成圣之功。昭明有融：见《诗·大雅·既醉》。昭：明也。融：长也。　⑬峻：高大。重峻：重叠高峻。吐纳：喻表达。⑭铮铮：金声。

夫《易》惟谈天，入神致用①；故《系》称旨远辞文，言中事隐②。韦编三绝③，固哲人之骊渊也④。《书》实记言⑤，而（训诂）［诂训］茫昧；通乎《尔雅》，则文意晓然⑥。故子夏叹《书》，“昭昭若日月之[代]明，离离如星辰之[错]行”⑦，言（昭）[照]灼也。《诗》主言志⑧，诂训同《书》⑨，摛风裁兴⑩，藻辞谲喻⑪，温柔在诵，故最附深衷矣⑫。《礼》以立体⑬，据事（剬）[制]范⑭，章条纤曲，执而后显。采掇（生）[片]言，莫非宝也。《春秋》辨理⑮，一字见义⑯，“五石”“六鹢”，以详略成文⑰，“雉门”“两观”，以先后显旨⑱。其婉章志晦，谅（以）[已]邃矣⑲。《尚书》则览文如诡，而寻理即畅；《春秋》则观辞立晓，而访义方隐⑳。此圣（人）[文]之殊致，表里之异体者也㉑。

---

①入神致用，《易·系辞》：“精义入神，以致用也。” ②《易·系辞》：“其旨远，其辞文，其言曲而中，其事肆而隐。” ③孔子晚而喜《易》，读《易》，韦编三绝。见《史记·孔子世家》。又见马王堆出土《帛书易传·要篇》。韦：皮也，所以缀竹简。上古无纸，写书用竹简，以韦缀之，故曰韦编。孔子常为爱玩，编简之韦为之三绝（联缀竹简的皮带断了多次）。④骊渊，《庄子·列御寇》：“夫千金之珠，必在九重之渊而骊龙颔下。” ⑤古之史官，君举必书，左史记言，言为《尚书》。 ⑥《尔雅》之书，所以通训诂之指归。《大戴礼记·小辩篇》：“《尔雅》以观于古，足以辩言矣。”《论衡·是应篇》：“《尔雅》之书，五经之训诂，儒者所共观察也。”茫

昧：不明朗。 ⑦子夏读书毕，见于孔子，孔子问焉。对曰："书之编事也，昭昭如日月之代明，离离若参辰之错行，上有尧舜之道，下有三王之义。"见《尚书大传》。照灼：显著。 ⑧《诗·大序》："《诗》者，志之所之也，在心为志，发言为诗。" ⑨汉代毛亨以《尔雅》之作多为释《诗》，因依其训而为《诗》作传。⑩摛（chī）：发布。裁：熔炼。风谓教化，兴指情思。 ⑪指说话委婉隐约。《诗·大序》："主文而谲谏。言之者无罪，闻之者足以戒。"藻辞：文采之有采饰。谲喻：指风兴回互而不质直。 ⑫《礼记·经解》："温柔敦厚，《诗》教也。"温：谓颜色温润，柔：谓性情和柔。附：具有。深衷：深沉的情思。 ⑬体：指礼法。⑭剬，当依唐写本改作"制"。范：法。 ⑮《法言·寡见》："说理莫辩乎《春秋》。"辨：别也。 ⑯言以一字为褒贬。一字非实数，极言用字之少而简易。 ⑰《春秋》僖公十六年，陨石于宋五，六鹢退飞过宋都。详《公羊传》及《谷梁传》。 ⑱《春秋》定公二年："雉门及两观灾；两观微，雉门大，哭者两观，而先言雉门者，不以微及大也。"见《公羊传》。 ⑲婉章志晦：见"五例"注。谅：信也，真也。以、已：太也。邃：深远也。 ⑳览：观也。诡：怪也。谓《尚书》文辞古怪难懂。晓：通达。隐：隐约难懂。 ㉑圣人：唐写本作"圣文"，谓儒家经典。殊致：不同的意趣或志趣。表：指文。里：指义。

至根柢（槃）[盘]深，枝叶峻茂①，辞约而旨丰，事近而喻远。是以往者虽旧，余味日新。后进追取而非晚，前修（文）[久]用而未先。可谓太山遍雨，河润千里者也②。故论、说、辞、序，则《易》统其首；诏、策、章、奏，则《书》发其源；赋、颂、歌、赞，则《诗》立其本；铭、诔、箴、祝，则《礼》总其端；（纪）[记]、传、（铭）[盟]、檄，则《春秋》为根；并穷高以树表，极远以启疆③，所以百家腾跃，终入环内者也。若禀经以制式，酌雅以富言，是（仰）[即]山而铸铜，煮海而为盐[者]也④。

---

①峻茂，《离骚》："冀枝叶之峻茂兮。"王逸注："峻，长也。" ②《公羊传·僖公三十一年》："触石而出，肤寸而合，不崇朝而遍雨乎天下者，惟泰山尔。河海润于千里。"纬书《春秋考异邮》："河者，水之气，四渎之精所以流化。"故曰河润千里。 ③《礼记·乐记》："夫礼乐之极乎天而蟠乎地，行乎阴阳而通乎鬼神，穷高极远而测深厚。" ④《史记·吴王濞传》："乃益骄溢，即山铸钱，煮海水为盐。"《索隐》："即者，就也。"

故文能宗经，体有六义：一则情深而不诡，二则风清而不杂，三则事信而不诞，四则义（直）[贞]而不回①，五则体约而不芜，六则文丽而不淫。（扬）[杨]子比雕玉以作器，谓五经之含文也②。夫文以行立，行以文传，四教所先③，符采相济。（励）[迈]德树声④，莫不师圣，而建言修辞，鲜克宗经⑤。是以楚艳汉侈，流弊不还，正末归本，不其懿欤⑥？

①贞：《广雅·释诂》："贞，正也。"回：邪曲也。 ②杨子：汉扬雄，著《法言》。杨明照《文心雕龙校注拾遗》："子云之姓，本从木不从手，段玉裁、王念孙曾有详核考证。弘治本等作'杨'，尚未为俗所乱。"《法言》："玉不雕，玙璠不作器，言不文，典谟不作经。" ③《论语》："子以四教，文，行，忠，信。"列文为首。 ④迈：勉励。《古文尚书·大禹谟》："皋陶迈种德。"《左传·文公六年》："树之风声。"树声，树立声名。 ⑤鲜克：少能。 ⑥侈：淫侈，指汉赋文采过多。艳：淫丽，指宋玉《高唐赋》之类。归本：指作文回归圣人的经典。懿：美好。

赞曰：三极彝道，训深稽古。致化（归）[惟]一，分教斯五①。性灵熔匠，文章奥府。渊哉铄乎②，群言之祖③。

①《礼记·经解》："孔子曰：'入其国，其教可知也；其为人也，温柔敦厚，诗教也；疏通知远，书教也；广博易良，乐教也；絜静精微，易教也；恭俭庄敬，礼教也；属辞比事，春秋教也。'"乐经久亡，故云"分教斯五"。杨明照认为与押韵亦有关，良是。训：道也。稽：考也。致化：施展教化。一：指道。 ②熔匠：冶炼工人。渊：深也。铄：美也。道之融通作者的性灵，有如"冶炼工人"。探本而言，道无异文章的深奥府库。 ③经为"群言之祖"，故宗法经书。祖：本也。

神　思[1]

古人云："形在江海之上，心存魏阙之下[2]。"神思之谓也。文之思也，其神远矣。故寂然凝虑，思接千载；悄焉动容，视通万里；吟咏之间，吐纳珠玉之声；眉睫之前，卷舒风云之色；其思理之致乎[3]？故思理为妙，神与物游[4]，神居胸臆，而志气统其关键[5]；物沿耳目，而辞令管其枢机[6]。枢机方通，则物无隐貌；关键将塞，则神有遁心。是以陶钧文思，贵在虚静[7]，疏瀹五藏，澡雪精神[8]。积学以储宝，酌理以富才[9]，研阅以穷照，驯致以（怿）[绎]辞[10]，然后使玄解之宰，寻声律而定墨[11]；独照之匠，窥意象而运斤[12]。此盖驭文之首术，谋篇之大端。夫神思方运，万涂竞萌；规矩虚位[13]，刻镂无形。登山则情满于山，观海则意溢于海，我才之多少，将与风云而并驱矣。方其搦翰[14]，气倍辞前；暨乎（篇成）[成篇]，半折心始。何则？意翻空而易奇，言征实而难巧也。是以意授于思，言授于意，密则无际[15]，疏则千里。或理在方寸，而求之域表[16]；或义在咫尺，而思隔山河。是以秉心养术，无务苦虑；含章司契[17]，不必劳情也。

---

①所谓神思，也就是想象。本篇是艺术想象的专篇，也谈到

谋篇及修辞的技巧。 ②《庄子·让王》篇："身在江海之上，心居乎魏阙之下。"谓身在草莽，心在朝廷。魏阙：一曰象魏，古代宫门外两边高耸的楼观。楼观下常为悬法之所。亦借指朝廷。刘勰借此以规定"神思"具有一种身在此而心在彼、可以由此及彼的联想功能。 ③此言谓想象活动具有突破感觉经验局限的性能，是一种不受身观限制的心理现象。（从王元化说） ④此言思理与外物相结合。 ⑤志气：泛指情志与气质。思想感情鼓舞了、指导了想象活动，而想象活动也可以加深并加强思想感情的内容。（从王元化说） ⑥辞令：指语言或语词。想象活动以语言作为媒介或手段。刘勰把"志气"当作指导想象活动的"关键"，把"辞令"当作支配想象活动的"枢机"。（从王元化说） ⑦刘勰把虚静视为唤起想象的事前准备，其目的是为了通过虚静达到与虚静相反的思想活跃，感情焕发之境。（从王元化说） ⑧《庄子·知北游》："汝斋戒疏瀹而心，澡雪而精神。"疏瀹：洗涤；澡雪：清洁。 ⑨宝：道也，理也。学贵积累，而后能通晓道理，储之以备用。酌：取也。富：丰赡。酌取正理以提高才力。 ⑩研阅：研究阅读有关材料。穷照：彻底认识事物。驯：顺。致：至。驯致：循序渐至。绎：陈也。绎辞：发布文辞。 ⑪玄解之宰：谓心也。声律：辞采的音乐性。寻声律：谓对声律的研寻，以求其协调。 ⑫轮扁年七十而老斲轮，自言得之手而应之心，口不能言，虽其子亦不能喻。见《庄子·天道》。独照之匠，意即本此。运斤：见《庄子·徐无鬼》。斤：砍木斧。 ⑬规矩：喻修辞原则。虚位：虚有其位。 ⑭搦：持也。翰：笔也。 ⑮际：缺漏。

⑯方寸：极言近也。域表：极言远也。　⑰含章：含美于内。司契：《老子》第七十九章："有德司契。"河上公注："有德之君，司察契信而已。"契：刻也。

人之禀才，迟速异分；文之制体，大小殊功。相如含笔而腐毫①，杨雄辍翰而惊梦②，桓谭疾感于苦思③，王充气竭于（思）[沉]虑④，张衡研《京》以十年⑤，左思练《都》以一纪⑥：虽有巨文，亦思之缓也。淮南崇朝而赋骚⑦，枚皋应诏而成赋⑧，子建援牍如口诵⑨，仲宣举笔似宿构⑩，阮瑀据（案）[鞍]而制书⑪，祢衡当食而草奏⑫：虽有短篇，亦思之速也。若夫骏发之士，心总要术，敏在虑前，应机立断⑬；覃思之人⑭，情饶（歧）[岐]路，鉴在疑后，研虑方定。机敏，故造次而成功⑮；虑疑，故愈久而致绩。难易虽殊，并资博练。若学浅而空迟，才疏而徒速，以斯成器，未之前闻。是以临篇缀虑，必有二患：理郁者苦贫，辞溺者伤乱。然则博闻为馈贫之粮，贯一为拯乱之药⑯。博而能一，亦有助乎心力矣。

---

①禀才：天赋的才华。异分：人的不同分器。制体：修造作品的形体。含笔腐毫：极言写作迟缓。　②成帝令杨雄作赋，为之猝暴，思虑精苦，赋成，倦而小卧，梦五脏出在地，以手收而纳之。惊醒后，大伤精气，乃病一年。见桓谭《新论·祛蔽》。　③桓谭尝作一小赋，用思太剧，立即感动发病，弥日始愈。见同上。　④王充作《论衡》，闭门潜思，惨淡经营，

年将七十，志力衰耗。 ⑤张衡琢磨《二京赋》，精思傅会，十年始见。见《后汉书·张衡传》。 ⑥左思修炼《三都赋》，历时十二年。据吴林伯引《晋书·左思传》文，实际历时为十年。 ⑦淮南王受诏为《离骚赋》，自旦受诏，一个早晨就完成了。 ⑧枚皋受诏为文，很快就写好了。见《汉书·枚皋传》。 ⑨杨德祖答曹植笺，称其“有所造作，若成诵在心，借书于手”。见《文选》。曹植赋铜雀台，援笔立成。见《三国志·陈思王传》。 ⑩王粲为文，举笔便成，无所改定，时人常以为宿构。见《三国志·王粲传》。宿构，早已写成，非临时制作。 ⑪魏太祖使阮瑀作书与韩遂。当时曹操外出，阮瑀侍从，因于马上起草，曹操不能增损。见《三国志·王粲传注》。杨明照认为，“马上具草”、“马上立成”即“据鞍制书”之谓。 ⑫黄祖子射大会宾客，人有献鹦鹉者，射举卮属祢衡为赋。祢衡揽笔而作，文无加点，辞采甚丽。又尝从刘表求笔札草章奏，立成，辞义可观。见《后汉书·祢衡传》。
⑬骏发：文思敏捷。要术：重要的文术、规矩。 ⑭覃思：延长思考。 ⑮造次：急遽，仓猝。 ⑯思想贫乏者以广博救之，文辞杂乱者以精练救之。

若情数诡杂，体变迁贸①，拙辞或孕于巧义，庸事或萌于新意。视布于麻，虽云未费，杼轴献功，焕然乃珍②。至于思表纤旨③，文外曲致，言所不追，笔固知止。至精而后阐其妙④，至变而后通其数，伊挚不能言鼎⑤，轮扁不能语斤⑥，其微矣乎⑦！

①数：术也，指写作方法。诡杂：犹繁诡，多变。体：作品的形体，谓文辞。贸：易也。迁贸：指变化。　②刘勰用“布”和“麻”的关系来揭示想象和现实的关系。“人人心中所有”就是指大家所熟知的“庸事”和“拙辞”，“人人笔下所无”就是指被大家所忽略或未能领会的“新意”和“巧义”。作家运用自己的想象活动，一旦从“庸事”中揭示出“新意”，从“拙辞”中引申出“巧义”，就好像“麻”经过了“杼轴献功”，产生出“焕然乃珍”的“布”一样，使人耳目为之一新。（从王元化说）　③纤：细也。　④阐：说明。　⑤汤得伊尹，设朝而见之，伊尹说汤以至味，曰：“鼎中之变，精妙微纤，口弗能言，志勿能嘱。”见《吕氏春秋·本味》。　⑥典见《庄子·天道篇》。轮扁：作车轮的工匠名字叫扁。　⑦微：与显相反，隐也。

赞曰：神用象通，情变所孕①。物以貌求，心以理应。刻镂声律，萌芽②比兴。结虑司契，垂帷制胜③。

①神：即“神思”，指想象活动；象：即“意象”，相当于艺术的境界或形象；情：即“情志”，用来表示思想感情。此句阐明想象的运用使艺术的境界或形象得以构成，而此神构成境界或形象的想象活动又是由思想感情的变化所孕育出来的。（从王元化说）　②萌芽：塑造。　③结虑：构思。司契：意匠经营。垂帷：下帷，放下帷帐，以蔽尘扰，使心静专思有得，本篇指作者构思。

体　性[1]

夫情动而言形，理发而文见，盖沿隐以至显，因内而符外者也。然才有庸俊，气有刚柔，学有浅深，习有雅郑，并情性所铄，陶染所凝。是以笔区云谲，文苑波诡者矣[2]。故辞理庸俊，莫能翻其才；风趣刚柔，宁或改其气[3]；事义浅深，未闻乖其学；体式雅郑，鲜有反其习[4]。各师成心，其异如面[5]。若总其归涂，则数穷八体[6]：一曰典雅，二曰远奥，三曰精约，四曰显附，五曰繁缛，六曰壮丽，七曰新奇，八曰轻靡。典雅者，镕式经诰，方轨儒门者也[7]。远奥者，（馥）[复]采典文，经理玄宗者也[8]。精约者，核字省句，剖析毫厘者也[9]。显附者，辞直义畅，切理厌心者也[10]。繁缛者，博喻（釀）[酞]采，炜烨枝派者也[11]。壮丽者，高论宏裁，卓烁异采者也[12]。新奇者，摈古竞今，危侧趣诡者也[13]。轻靡者，浮文弱植，缥缈附俗者也[14]。故雅与奇反，奥与显殊，繁与约舛，壮与轻乖，文辞根叶，苑囿其中矣。

---

①体谓文体，性谓才性。本篇是我国最早论述风格问题的专文，详见王元化《文心雕龙讲疏》。陆侃如、牟世金《文心雕龙译注》认为本篇是从作品风格（体）和作者性格（性）的关系来

论述文学作品的风格特色。　②作家的创作个性按照由隐以至显和因内而符外的艺术规律，形成了无限多样化的不同艺术风格。（从王元化说）　③辞理：文采。风趣：即情理。　④体式全由研究而得，俗学不能发雅议，故当慎其所习。　⑤心之足以制一身之用者，谓之成心。人心之不同，如其面焉。语见《左传·襄公三十一年》。　⑥刘永济《文心雕龙校释》曾据《辨骚》《论赋》《乐府》《诔碑》《哀吊》《杂文》《封禅》诸篇，列出刘勰论述了各种不同的风格，名目极为纷繁，并由此推论说：《体悟篇》“虽约为八体，而变乃无穷。但雅者必不奇，奥者必不显，繁者必不约，壮者必不轻。除极相反者，类多错综”。　⑦作者属辞，以五经为规范，也就是“宗经”，故与儒家同一门径，仿佛行车同轨，则其风格“典雅”。　⑧远奥：深隐。复采典文：犹云“文采复典”。复、隐、复隐，皆含蓄之谓。文采的精妙，在能含蓄其意。典文：典雅之文。经理：熔铸。玄：隐也。　⑨精约：谓修辞精粹而简略。详吴林伯《文心雕龙义疏》。　⑩显附：辞意明朗、贴切。文家称心而作，属辞率直，说理通畅，符合内心，表里一致。　⑪繁缛：繁盛。炜烨：形容辞采显盛。枝：树枝。派：江河的支流。⑫宏裁：宏伟的裁断。卓烁：卓越的闪耀。异采：异常的文采。⑬摈：抛弃。竞：追逐。危：不正，与“侧”同义复合。趣：趋也。诡：浮诡。　⑭轻靡：犹“浮华”。缥缈：虚空。附俗：附和世俗。

若夫八体屡迁，功以学成①，才力居中②，肇自血气③。

气以实志，志以定言，吐纳英华，莫非情性④。是以贾生俊发，故文洁而体清⑤；长卿傲诞，故理侈而辞溢⑥；子云沉寂，故志隐而味深⑦；子政简易，故趣昭而事博⑧；孟坚雅懿，故裁密而思靡⑨；平子淹通，故虑周而藻密⑩；仲宣躁（锐）[竞]，故颖出而才果⑪；公幹气褊，故言壮而情骇⑫；嗣宗俶傥，故响逸而调远⑬；叔夜俊侠，故兴高而采烈⑭；安仁轻敏，故锋发而韵流⑮；士衡矜重，故情繁而辞隐⑯。触类以推，表里必符。岂非自然之恒资，才气之大略哉！

①屡迁：经常变化，指从八体派生出各种风格。　②中：犹“内”。才自内发。天赋的才力在人的身体内部。　③肇：始也。血气：即元气，素气，乃天赋之气。　④吐纳：喻对文辞的修饰取舍。英华：精采作品。　⑤贾生：即贾谊。史称每诏令下，诸老生不能言，贾谊年少，尽为之对，故称其俊发。俊发：谓写作的迅速。文洁而体清：犹云“文体清洁”。　⑥长卿：即司马相如。班固《典引》：“司马相如污行无节，但有浮华之辞。”傲诞：傲慢无理。理侈而辞溢：犹云“辞理侈溢”，指文采过于淫侈。　⑦子云：即杨雄，默而好深湛之思，清静无为，少嗜欲。杨雄作赋模拟相如，侈溢殆有过之而无不及。⑧子政：即刘向，为人简易无威仪，廉清乐道，不交接于世俗。简易：率直也。　⑨孟坚：即班固，博贯载籍，九流百家，无不穷究。性情中正、纯美；以之为赋，则思致精靡，辞复裁剪缜密。　⑩平子：即张衡，学问淹通，思考周密，文意缜密。

⑪仲宣：即王粲，善作文，举笔便成，无所改定。其性虽躁竞，其为人挺拔，才力果敢，辞锋毕露。　⑫公幹：即刘桢，轻官忽禄，以平视甄夫人得罪。气褊，故辞壮；雕润少，故文不密。⑬嗣宗：即阮籍，才藻艳逸，而倜傥放荡。响逸而调远：音节高起而声调卓越。　⑭叔夜：即嵇康，好言老庄，而“尚奇任侠”。《世说新语·品藻篇》：“简文云：‘嵇叔夜俊伤其道。’”兴高：旨趣高道。采烈：言辞激烈。　⑮安仁：即潘岳，总角辩慧，性轻躁，趋世利。其文辞锋焕发，而韵调流转，但内容轻敏而虚伪。　⑯士衡：即陆机，服膺儒术，非礼不动。其性情矜持，遇事顾虑重重，文情遂繁多而隐约。

夫才（有）[由]天资，学慎始习①。斫梓染丝，功在初化②；器成彩定③，难可翻移。故童子雕琢，必先雅制④，沿根讨叶，思转自圆。八体虽殊，会通合数，得其环中⑤，则辐（辏）[凑]相成。故宜摹体以定习，因性以练才。文之司南⑥，用此道也。

---

①此段言性非可力致，为学则在人，虽才性有偏，可藉学习以相补救。　②《书·梓材》：“若作梓材，既勤朴斫。”墨子见染丝者而叹曰：“染于苍则苍，染于黄则黄，故染不可不慎也。”　③彩定：色彩已定。　④雅制：端正形体的制造。⑤《庄子》：“枢始得其环中，以应无穷。”环中：指轴心。⑥司南：即指南。

赞曰：才性异区，文（辞）[体]繁诡①。辞为[肌]肤（根），志实骨髓。雅丽黼黻，淫巧朱紫②。习亦凝真，功沿渐靡③。

---

①作家的不同创作个性形成了作品风格的差异。才性异区：才性有优劣。 ②雅丽：与淫巧相反。黼黻：喻辞藻。真：才气之谓。言学习之功，亦可凝积而成才气。 ③渐：读若渐渍之渐；靡：与“摩”同。渐靡：即渐摩，义为浸润，教育感化。沿：因也，由也。

风　骨[1]

诗总六义，风冠其首[2]，斯乃化感之本源，志气之符契也[3]。是以怊怅述情，必始乎风[4]；沉吟铺辞，莫先于骨[5]。故辞之待骨，如体之树骸[6]；情之含风，犹形之包气。结言端直，则文骨成焉[7]；意气骏爽，则文风清焉[8]。若丰藻克赡，风骨不飞，则振采失鲜，负声无力[9]。是以缀虑裁篇，务盈守气，刚健既实，辉光乃新[10]，其为文用，譬征鸟之使翼也[11]。故练于骨者，析辞必精；深乎风者，述情必显。捶字坚而难移[12]，结响凝而不滞[13]，此风骨之力也。若瘠义肥辞，繁杂失统，则无骨之征也。思不环周，（索莫）[牵课]乏气，则无风之验也[14]。昔潘勖锡魏，思摹经典，群才韬笔，乃其骨（髓）[鲠]峻也[15]。相如赋仙，气号凌云，蔚为辞宗，乃其风力遒也[16]。能鉴斯要，可以定文；兹术或违，无务繁采[17]。故魏文称："文以气为主，气之清浊有体，不可力强而致。"[18]故其论孔融，则云"体气高妙"[19]；论徐幹，则云"时有齐气"[20]；论刘桢，则云"有逸气"[21]。公幹亦云："孔氏卓卓，信含异气，笔墨之性，殆不可胜。"[22]并重气之旨也。夫翚翟备色，而翾翥百步，肌丰而力沉也[23]。鹰隼（乏）[无]采，而翰飞戾天，骨劲而气猛也[24]。文章才力，有似于此。若风骨乏采，则鸷集翰林；采乏风骨，则雉窜文囿㉕。唯藻耀而高翔，固文笔之鸣凤也。若夫镕铸经典之范，翔集子史之术，洞晓情变，曲昭文体，然后能孚甲新意㉖，雕画奇辞。昭体，故意新而不乱；晓变，故辞奇而不黩。若骨采未圆，风辞未练，而跨略旧规，驰骛新作，虽获巧意，危败亦多，岂空结奇字，纰缪而成经矣㉗。《周书》云："辞尚体要，弗惟好异。"㉘盖防文滥也。然文术多门，各适所好，明者弗授，学者弗师。于是习华随侈，流遁忘反。若能确乎正式，使文明以健，则风清骨峻，篇体光华㉙。能研诸虑，何远之有哉㉚！

---

①风：即文意，骨：即文辞。详见黄侃《文心雕龙札记》。刘永济云："风即情思，骨即事义。"详《文心雕龙校释》。吴林伯《文心雕龙义疏》认为："'风'比作品的文辞及其感力，'骨'譬文辞的内容。" ②诗之六义，即风、雅、颂、赋、比、兴。冠：居也。 ③斯乃：这是。化感：犹云感化。④怊（chāo）：亦怅也。怊怅：失意貌。志气有感而动，所述之情始真。 ⑤铺辞：铺排文辞。 ⑥此句说文辞需言骨，好比身体树立骨骸一样。 ⑦此句说意气包含风，好比身体蕴藏气似的。 ⑧骏爽：与"英爽"同，豪迈。 ⑨藻：喻文采，丰藻：丰富的文采。克：能。赡：足也。飞：扬也。振采：犹"摛藻"，发布文采。鲜：明。负：失。四句言义瘠辞肥之弊。⑩缀虑：构思。裁篇：剪裁篇章。气：意气。盈：充沛。辉光：

喻文采。　⑪《礼记·月令》："征鸟厉疾。"征鸟：鹰隼之属。此以征鸟气盛为喻。　⑫捶：通"锤"，锤炼。捶字坚而难移，黄侃云："此修辞合法之效。"　⑬结响：喻协调文辞的声律。凝：成也。滞：塞也。　⑭索莫：杨明照校改为"牵课"，为南朝常语，义为勉强、强作。　⑮潘勖锡魏：潘勖，字元茂。献帝建安十八年命曹操为魏公，加九锡，策文为勖取作，其文规范典诰，辞极雅重，为九锡文之首选，以其炼于骨也。锡：赐也，赏赐。　⑯司马相如以为列仙之儒，居山泽间，形容甚臞，非帝王之仙意，乃奏《大人赋》，武帝大悦，飘飘然有凌云气游天地之间意。蔚：茂盛。辞宗：辞赋的宗主。遒：强也。　⑰风骨并善，固为高文，二者不能兼；宁有骨无风，瘠义肥辞，实所不取。　⑱二句见魏文帝曹丕《典论·论文》。　⑲体气：本来就有的"血气"、"才性"。　⑳徐幹恬淡优柔，性近舒缓，故文有齐气。齐俗文体舒缓。　㉑文帝与吴质书，谓刘桢文有逸气。刘桢情高，故有闲逸之气。㉒卓卓：高超出众。异气：非常之血气。笔墨：文辞也。刘桢只盛赞孔氏才性，而理不胜辞之意实已寓诸言表。　㉓翚（huī）翟：野鸡。翾：小飞。翥：飞举。肌丰：喻肥辞。沉：力弱。㉔鹰隼：丑而大飞。戾：至。　㉕言有风骨而藻采不足，则如鸷集翰林，有藻采而乏风骨，则如雉窜文囿。翰林：文学之林，喻指文章领域。　㉖曲昭：委婉表现。孚甲：谓化生。　㉗奇字：巧怪的字词。经：法则。　㉘《古文尚书·毕命》。体要：谓修辞以要约为法则。　㉙此言命意选辞，所好各异，惟有师古酌中，庶无疵缪。　㉚此二句言明风骨即辞意，欲美其

风骨，惟有致力于修辞命意耳。（从黄侃说）

赞曰：情与气偕，辞共体并。文明以健，珪璋乃（骋）[聘]①。蔚彼风力，严此骨鲠②。才锋峻立，符采克炳③。

---

①《礼记·聘义》："以圭璋聘，重礼也……圭璋特达，德也。"珪璋：美玉，喻美丽的文采。　②蔚：兴旺。风力：指文辞的风力。严：严峻。骨鲠：指文辞的骨鲠。　③峻立：突出。符采：文采。克：能。炳：鲜明。

通　变[1]

夫设文之体有常，变文之数无方，何以明其然耶？凡诗赋书记，名理相因，此有常之体也；文辞气力，通变则久，此无方之数也。名理有常，体必资于故实；通变无方，数必酌于新声[2]；故能骋无穷之路，饮不竭之源。然绠短者衔渴[3]，足疲者辍途，非文理之数尽，乃通变之术疏耳。故论文之方，譬诸草木：根干丽土而同性，臭味（晞）[晞]阳而异品矣[4]。是以九代咏歌，志合文则。黄歌《断竹》，质之至也[5]；唐歌《在昔》，则广于黄世[6]；虞歌《卿云》，则文于唐时[7]；夏歌《（雕）[彫]墙》，缛于虞代[8]；商周篇什[9]，丽于夏年。至于序志述时，其揆一也[10]。暨楚之骚文，矩式周人；汉之赋颂，影写楚世[11]；魏之篇制，顾慕汉风；晋之辞章，瞻望魏采。搉而论之[12]，则黄唐淳而质[13]，虞夏质而辨[14]，商周丽而雅，楚汉侈而艳，魏晋浅而绮[15]，宋初讹而新[16]。从质及讹，弥近弥淡。何则？竞今疏古，风（味）[末]气衰也。今才颖之士，刻意学文，多略汉篇，师范宋集，虽古今备阅，然近附而远疏矣。夫青生于蓝，绛生于蒨[17]，虽逾本色，不能复化。桓君山云：“予见新进丽文，美而无采；及见刘、杨言辞，常辄有得[18]。”此其验也。故练青濯绛，必归蓝蒨；矫讹翻浅，还宗经诰。斯斟酌乎质文之间，而隐括乎雅俗之际⑲，可与言通变矣。夫夸张声貌，则汉初已极，自兹厥后，循环相因；虽轩翥出辙⑳，而终入笼内。枚乘《七发》云："通望兮东海，虹洞兮苍天㉑。"相如《上林》云："视之无端，察之无涯，日出东沼，（月生）[入乎]西陂。"马融《广成》云："天地虹洞，固无端涯，大明出东㉒，月生西陂。"杨雄《校猎》云："出入日月，天与地沓㉓。"张衡《西京》云："日月于是乎出入，象扶桑（于）[与]濛汜㉔。"此并广寓极状，而五家如一。诸如此类，莫不相循，参伍因革，通变之数也㉕。是以规略文统，宜宏大体。先博览以精阅，总纲纪而摄契㉖；然后拓衢路，置关键，长辔远驭，从容按节，凭情以会通，负气以适变，采如宛虹之奋鬐㉗，光若长离之振翼㉘，乃颖脱之文矣㉙。若乃龌龊于偏解㉚，矜激乎一致㉛，此庭间之回骤，岂万里之逸步哉㉜？

---

①黄侃《札记》云："此篇大指，示人勿循俗之文，宜反之于古。"刘永济《校释》云："此篇本旨在明穷变通久之理。所谓变者，非一切舍弃，亦非一切从古之谓也，其中必有可变与不可变者焉；变其可变者，而后不可变者得通。"刘说近是。
②文指虽在变新复古，而通变之术，所谓规略文统，宜宏大体，先博览以精阅，总纲纪以摄契，然后凭情以会通，负气以适变是也。（从黄侃说）　③绠：汲井所用绳索。衔渴：指口渴。

④丽：附着。同性：谓草木皆有附着于土之性，以喻修辞原则。臭：气味。晞：蒸晒。 ⑤范蠡进善射者陈音于越王勾践，王问音曰："孤闻子善射，道何所生？"音曰："臣闻弩生于弓，弓生于弹，弹起于古之孝子，不忍见父母为禽兽所食，故作弹以守之，歌曰：'断竹；续竹；飞土；逐肉。'"见《吴越春秋》。 ⑥在昔：未详。黄侃《札记》云："倘昔为蜡之讹与？《礼记》载伊耆氏蜡辞。" ⑦旧题舜《卿云歌》："卿云烂兮，糺缦缦兮，日月光华，旦复旦兮。"见《尚书大传》。⑧古文《尚书·五子之歌》："峻宇雕墙。"缛：丰盛。⑨篇什：指诗歌的篇章。 ⑩质文之变，独在文辞。（从黄侃说）揆：度也，法也，规矩也。 ⑪楚骚出自六义之赋，故曰矩式周人。矩式：效法也。汉赋颂大抵祖述《楚辞》，见后《时序》。影写：模仿。 ⑫搉：扬搉，谓约略地评论。 ⑬淳：朴素。质：率直。 ⑭辨：分明。 ⑮绮：华丽。浅绮：浮浅轻绮。 ⑯讹：误。言文篇字句，务取新奇，以致入讹误而不自觉。 ⑰蒨（qiàn）：同"茜"，草名，其根可制绛色染料。⑱刘：刘向。杨：杨雄。 ⑲隐括：犹矫揉也，喻提炼。⑳轩翥：飞举貌，高飞貌。 ㉑通望：笔直观望。虹洞：相连貌。 ㉒大明：太阳。 ㉓沓：合也。杨明照改"沓"为"杳"。 ㉔扶桑：神木，古谓为日所出处。濛汜：古谓日所入处。 ㉕文举五家为例，非教人专事模拟，盖谓古人之文，有能变者，有不能变者，有须因袭者，有不可因袭者，必于古今同异之理，名实分合之原，旁及训故文律，悉能谙练，斟酌而用之。（从黄侃说） ㉖摄契：从事雕刻，喻进行修辞。 ㉗宛

虹：曲屈之虹。鬐：虹脊。　㉘长离：凤凰。　㉙颖脱：突出，杰出。　㉚龌龊：拘束。偏解：偏见。　㉛矜激：夸耀。一致：犹言一得。　㉚逸步：奔走。

赞曰：文律运周，日新其业。变则（其）[甚]久①，通则不乏。趋时必果，乘机无怯②。望今制奇，参古定法。

---

①其，或疑作“可”，或疑作“堪”。杨明照疑原作“甚”。杨说可从，据改正。　②果：果断。趋时二句，互文见义，实谓乘机趋时，必果敢而不怯懦。（从吴林伯说）

定　势[①]

夫情致异区，文变殊术，莫不因情立体，即体成势也。势者，乘利而为制也。如机发矢直，涧曲湍回②，自然之趣也。圆者规体，其势也自转；方者矩形，其势也自安③：文章体势，如斯而已。是以模经为式者，自入典雅之懿④；效《骚》命篇者，必归艳逸之华；综意浅切者，类乏酝藉⑤；断辞辨约者，率乖繁缛：譬激水不漪，槁木无阴，自然之势也。

---

①篇名“定势”，而篇中皆言文势无定，盖势不自成，随体而成，离体立势，不可能也。上引黄侃释《定势篇》，言简意赅，颇得篇中要领。王元化认为：“刘勰提出体势这一概念，正是与体性相对。体性指的是风格的主观因素，体势则指的是风格的客观因素。”张光年认为：“风格的体与势并称，则体是文体，势是文势，即文笔运行的趋势，或趋向。文体是固态的，文势是动态的。个人文风的趋势值得注意，一代文风的趋向更值得重视。”　②湍：急流。　③为圆之器曰规，为方之器曰矩。圆者势自转动，方者势自安静，皆顺乎自然。　④模经：依仿六经。式：法式，榜样。懿：美。　⑤酝藉：含蓄而厚重。

⑥漪：水面波纹。此三句承综意四句言。

是以绘事图色，文辞尽情，色糅①而犬马殊形，情交而雅俗异势。镕范所拟，各有司匠，虽无严郛②，难得逾越③。然渊④乎文者，并总群势：奇正虽反，必兼解以俱通；刚柔虽殊，必随时而适用。若爱典而恶华，则兼通之理偏，似夏人争弓矢，执一不可以独射也⑤。若雅郑而共篇，则总一之势离，是楚人鬻矛（誉）楯，[誉]两，难得而俱售也⑥。是以括囊杂体，功在铨别⑦，宫商朱紫，随势各配⑧。章表奏议，则准的⑨乎典雅；赋颂歌诗，则羽仪⑩乎清丽；符檄书移，则楷式⑪于明断；史论序注，则师范⑫于覈要；箴铭碑诔，则体制⑬于宏深；连珠七辞，则从事于巧艳⑭：此循体而成势，随变而立功者也⑮。虽复契会相参，节文互杂，譬五色之锦，各以本采为地矣⑯。桓谭称："文家各有所慕，或好浮华而不知实覈，或美众多而不见要约。"陈思亦云："世之作者，或好烦文博采，深沉其旨者；或好离言辨白⑰，分毫析厘者；所习不同，所务各异。"言势殊也。

---

①糅：混杂，混和。　②郛：城郭，引申为界限。　③此段以绘事喻文势，势之不得杂体，犹善画马者不能画犬如马。④渊：精深。　⑤《太平御览》卷三四七引《韩非子》称：有人曰："吾弓良，无所用矢。"一人曰："吾矢善，无所用弓。"羿闻之曰："矢非弓，何以往？弓非矢，何以中的？"令

合弓矢而教之射。羿为夏射官，故云夏人。　⑥雅：正声。郑：淫乐。总一：犹言“统一”。楚人有鬻盾与矛者，誉之曰：“吾盾之坚，物莫能陷也。”又誉其矛曰：“吾矛之利，于物无不陷也。”或曰：“以子之矛，陷子之盾，何为？”见《韩非子·难一》。　⑦《易·坤卦》：“括囊，无咎无誉。”括：扎紧。囊所以贮物。铨：量。铨别：衡量鉴别。　⑧宫商：谓声律。朱紫：喻文辞声律优劣。　⑨准的：标准。　⑩羽仪：表率。　⑪楷式：法则。　⑫师范：规矩。　⑬体制：规格。　⑭连珠：文体之一，辞丽而言约，不指说事情，必假喻以达其旨，而览者微悟，欲使历历如贯珠，故称连珠。汉章帝时，班固贾逵等受诏作之。七辞：如枚乘之《七发》、傅毅之《七激》、张衡之《七辩》、崔骃之《七依》、曹植之《七启》等皆是。从事：塑造。　⑮本书第二十五以前各篇，列举文章多体，每体必敷理以举统，即论每体应取之势。　⑯契会相参：神思互相参合。契会：融合。参：交错。节文：文辞的音节与藻采。四语言文辞虽贵通变，而势之大本，不得背离。⑰离言：犹云“离辞”，指分析辞句。辨白：分明。

刘桢云：“文之体（指）[势]，实[有]强弱①，使其辞已尽而势有余，天下一人耳，不可得也。”公幹所谈，颇亦兼气②。然文之任势，势有刚柔，不必壮言慷慨，乃称势也。又陆云自称：“往日论文，先辞而后情，尚势而不取悦泽，及张公论文，则欲宗其言③。”夫情固先辞，势实须泽④，可谓先迷后能从善矣⑤。

---

①此句据杨明照校改。 ②此言刘桢为文尚气。 ③此陆云与陆机书中语。悦泽：润色也。张公：张华。 ④言文之体式虽合，而润色辞句，所以助成文体，不可少也。 ⑤陆云乐取于人，而不自用，终于顺从张公之言，故刘勰称其先违后善。

自近代辞人，率好诡巧，原其为体，讹势所变。厌黩旧式，故穿凿取新①；察其讹意，似难而实无他术也，反正而已。故文反"正"为"乏"②，辞反正为奇。效奇之法，必颠倒文句，上字而抑下，中辞而出外，回互不常，则新色耳。夫通衢夷坦，而多行捷径者，趋近故也；正文明白，而常务反言者，适俗故也③。然密会④者以意新得巧；苟异者以失体成怪。旧练之才，则执正以驭奇；新学之锐，则逐奇而失正。势流不反，则文体遂弊。秉兹情术，可无思耶！

---

①烦数为黩。《通变》曰："宋初讹而新。"齐梁承流，穿凿益甚，专好新奇，不取通顺。 ②语见《左传》宣公十五年。反正者，失其常度。失其常度，乏绝之道也。 ③夷坦：平坦。捷径：邪出小道。 ④密会：深刻领会事物。

赞曰：形生势成，始末相承①。湍回如规，矢激如绳。因利骋节，情采自凝。枉辔学步，力止寿陵②。

---

①物不能有末无本，末又必自本生，故体与势实相须以成。

②《庄子·秋水》："子独不闻寿陵余子之学行于邯郸与？未得国能，又失其故行矣，直匍匐而归耳。"《杂文篇》："可谓寿陵匍匐，非复邯郸之步。"此赞语全用比喻，说风格从文体产生，没有文体，就没有风格。

情　采[1]

圣贤书辞，总称“文章”，非采而何？夫水性虚而沦漪结，木体实而花萼振：文附质也[2]。虎豹无文，则鞹同犬羊；犀兕有皮，而色资丹漆：质待文也[3]。若乃综述性灵，敷写器象，镂心鸟迹之中，织辞鱼网之上，其为彪炳，缛采名矣[4]。故立文之道，其理有三：一曰形文，五色是也；二曰声文，五音是也；三曰情文，五性是也[5]。五色杂而成黼黻[6]，五音比而成韶夏，五（情）[性]发而为辞章[7]，神理之数也。《孝经》垂典，丧言不文；故知君子常言，未尝质也[8]。老子疾伪，故称“美言不信”；而五千精妙，则非弃美矣[9]。庄周云“辩雕万物”，谓藻饰也[10]。韩非云“艳采辩说”，谓绮丽也[11]。绮丽以艳说，藻饰以辩雕，文辞之变，于斯极矣。研味《孝》《老》，则知文质附乎性情；详览《庄》《韩》，则见华实过乎淫侈。若择源于泾渭之流[12]，按辔于邪正之路，亦可以驭文采矣。夫铅黛所以饰容，而盼倩生于淑姿[13]；文采所以饰言，而辩丽本于情性。故情者，文之经；辞者，理之纬。经正而后纬成，理定而后辞畅：此立文之本源也。昔诗人（什篇）[篇什]，为情而造文；辞人赋颂，为文而造情。何以明其然？盖风雅之兴，志思蓄愤，而吟咏情性，以讽其上，此为情而造文也。诸子之徒，心非郁陶[14]，苟驰夸饰，鬻声钓世，此为文而造情也。故为情者要约而写真，为文者淫丽而烦滥。而后之作者，采滥忽真，远弃风雅，近师辞赋，故体情之制日疏，逐文之篇愈盛。故有志深轩冕，而泛咏皋壤；心缠（几）[机]务，而虚述人外[15]。真宰弗存，翩其反矣[16]。夫桃李不言而成蹊，有实存也[17]；男子树兰而不芳，无其情也[18]。夫以草木之微，依情待实；况乎文章，述志为本，言与志反，文岂足征？是以联辞结采，将欲明理，采滥辞诡，则心理愈翳[19]；固知翠纶桂饵，反所以失鱼[20]。“言隐荣华”[21]，殆谓此也。是以“衣锦褧衣”，恶文太章[22]；“贲”象穷白，贵乎反本[23]。夫能设模以位理，拟地以置心[24]，心定而后结音，理正而后摛藻[25]；使文不灭质，博不溺心[26]，正采耀乎朱蓝，间色屏于[红]紫[27]，乃可谓雕琢其章，彬彬君子矣[28]。

---

①《诗》言志，《骚》缘情，刘勰认为情、志互相渗透，本篇先后提出“为情造文”、“述志为本”，用“情”来拓广“志”的领域，用“志”来充实“情”的内容。（从王元化说）本篇主旨主张为情而造文，反对为文而造情。　②沦漪：水波。萼：花朵之外被，所以护花瓣者。　③《论语》：“文犹质也，质犹文也。虎豹之鞟，犹犬羊之鞟。”鞟：去毛之皮。④黄帝之史仓颉见鸟兽蹄迹，始造文字。汉宦者蔡伦用树皮、麻头、敝布、鱼网为纸。彪炳：光采貌。　⑤五性：仁、礼、

信、智、义。　⑥黼黻：文采名。《周礼·考工记》："白与黑谓之黼，黑与青谓之黻。"　⑦情，据杨明校改作"性"。⑧孝子丧亲，言不文，见《孝经》。惟丧亲时如此，可知平时发言，未尝无文。　⑨《老子》："信言不美，美言不信。"⑩《庄子》："故古之王天下者，知虽落天地，不自虑也，辩虽雕万物，不自说也。"藻饰：修饰文词。　⑪《韩非子·外储说左上》："夫不谋治强之功，而艳乎辩说文丽之声。"或因谓"采"为"乎"字之讹。绮丽：文词之美丽。　⑫泾渭：二水名，泾清而渭浊，故以为清浊之喻。　⑬《诗·卫风·硕人》："巧笑倩兮，美目盼兮。"　⑭郁陶：愤忿蓄积盈胸臆。王念孙《广雅疏证》："凡经传言郁陶者，皆当读皋陶之陶，旧读陶冶之陶，失之矣。"　⑮《庄子》："山林与，皋壤与，使我欣欣然而乐与。"嵇康《与山涛绝交书》："机务缠其心。"人外：犹世外。数语言志在显达，而虚言隐遁。　⑯真宰：真情。翩：鸟速飞。　⑰《史记·李广传》："桃李不言，下自成蹊。"蹊：路也。　⑱《淮南子·缪称篇》："男子树兰，美而不芳。"　⑲翳：障蔽。　⑳鲁人有好钓者，以桂为饵，黄金之钩，错以银碧，垂翡翠之纶。见《阙子》。　㉑《庄子·齐物论》："言隐于荣华。"　㉒《中庸》："衣锦尚絅，恶其文之著也。"褧：同"絅"，单衣。于锦衣之外加单衣，恶其文之大著。　㉓《易·贲卦》："上九，白贲，无咎。"贲：饰。饰终以白，反质素而无患。　㉔地：作《定势》"如以本采为地"之"地"解。　㉕摛：发布。　㉖《庄子》："知而不足以定天下，然后附之以文，益之以博，文灭质，博溺心。"

文博，心质之饰。 ㉗间色：非正色。古人贵朱蓝而贱红紫。本篇以朱蓝比正常的辞采，以红紫喻辞采的淫侈。 ㉘《诗·大雅，棫朴》："追琢其章。"追，雕。雕琢本言治玉，本篇以譬修辞。《论语》："文质彬彬，然后君子。"彬彬：文质兼备。

赞曰：言以文远，诚哉斯验。心术既形，英华乃赡。吴锦好渝①，舜英徒艳②。繁采寡情，味之必厌③。

---

①吴锦：苏州一带生产的丝绸。渝：变污，此处指褪色。 ②《诗·郑风·有女同车》："有女同行，颜如舜英。"舜：木槿，朝生暮落。英：华。 ③《文赋》："言寡情而鲜爱。"

镕　裁①

情理设位，文采行乎其中②。刚柔以立本，变通以趋时③。立本有体，意或偏长；趋时无方，辞或繁杂。蹊要④所司，职在镕裁：隐括情理，矫揉文采也。规范本体谓之镕，剪截浮词谓之裁。裁则芜秽不生，镕则纲领昭畅，譬绳墨之审分，斧斤之斫削矣。骈拇枝指，由侈于性；附赘悬肬，实侈于形⑤。（二）[一]意两出，义之骈枝也；同辞重句，文之疣赘也。

①作文不外命意、修辞，二者相倚，不可或离。意之患或杂，或竭；辞之患或枯或繁。枯竭之患，宜救之以博览；繁杂之患，宜纳之于镕裁。此篇即专论镕裁之事，然命意修辞，皆本自然，意多者未必尽可訾，辞众者未必尽堪删：惟多而杂，众而芜者，始加裁剪耳。　②文以情理为本，以辞采为枝。　③刚柔：指性气言。变通：指文辞言。　④蹊要：蹊径要领。⑤《庄子·骈拇篇》："骈拇枝指，出乎性哉，而侈于德；附赘县疣，出乎形哉，而侈于性。"骈拇，足拇指连第二指。枝指：手有六指。赘肬，皮肤上的赘肉。

凡思绪初发，辞采苦杂，心非权衡①，势必轻重。是以草创鸿笔，先标三准：履端于始，则设情以位体；举正于中，则酌事以取类；归余于终，则撮辞以举要②。然后舒华布实，献替节文，绳墨以外，美材既斫③，故能首尾圆合，条贯统序。若术不素定，而委心逐辞，异端丛至，骈赘必多。

---

①权衡：审择标准之意。　②“履端于始”，“举正于中”，“归余于终”三语，见《左传·文公元年》。此设言命意谋篇之事，有此经营，非必作为定程。总之意定而后敷辞，体具而后取势，则其文自有条理。王元化将“三准”解释为创作过程的三个步骤：“设情以位体”，即创作冲动的感受；“酌事以取类”，把分散的事件变成“首尾圆合，条贯统序”的意象；“撮辞以举要”，根据“以少总多”的艺术表现原则，把酝酿成熟的构思表现出来。　③四语谓记形成为文，仍须随时加修饰之功。

故三准既定，次讨①字句。句有可削，足见其疏；字不得减，乃知其密。精论要语，极略之体；游心窜句，极繁之体②。谓繁与略，（随）[适]分所好③。引而申之④，则两句敷为一章；约以贯之⑤，则一章删成两句。思赡⑥者善敷，才覈⑦者善删。善删者字去而意留，善敷者辞殊而（意）[义]显⑧。字删而意阙，则短乏而非覈；辞敷而言重，则芜秽而非赡。

---

①讨：考究，修炼。　②“游心”句见《庄子·骈拇》。　③本书言人之天赋，或曰“分”，曰“才”，曰“器分”。文之“繁略”，随作者的天赋所好而定。（从吴林伯说）　④引而申之：谓扩充。　⑤约以贯之：谓收敛。　⑥思赡：情思丰富。　⑦覈：精深。　⑧殊：优异而不平凡。显：鲜明而不晦暗。

昔谢艾、王济，西河文士。张（俊）[骏]以为：艾繁而不可删，济略而不可益①。若二子者，可谓练镕裁而晓繁略矣②。至如士衡才优，而缀辞尤繁；士龙思劣，而雅好清省。及云之论机，亟恨其多，而称清新相接，不以为病，盖崇友于耳③。夫美锦制衣，修短有度，虽玩④其采，不倍领袖。巧犹难繁，况在乎拙？而《文赋》以为“榛楛勿剪”，“庸音足曲”⑤，其识非不鉴，乃情苦芟繁也⑥。夫百节成体，共资荣卫⑦，万趣会文，不离辞情。若情周而不繁，辞运而不滥，非夫镕裁，何以行之乎？

---

①谢艾附见《晋书》张骏传。王济见《晋书》本传。　②本篇“繁略”约有二义：一者上文“极略”、“极繁”的“繁略”，犹曰“疏密”；二者“繁而不可删，略而不可益”的“繁略”，指字句的多少。（从吴林伯说）　③陆云与陆机书：“云今意视文，乃好清省。”又曰：“兄文章之高远绝异，不可

复称言，然犹皆欲微多；但清新相接，不以此为病耳。”友于：兄弟。 ④玩：相习而不经意。 ⑤陆机《文赋》：“在石韫而山辉，水怀珠而川媚，彼榛楛之勿剪，亦蒙荣于集翠。”言珠玉之向既存，榛楛之辞亦美也。又曰：“放庸音以足曲。”庸音，犹凡响。 ⑥鉴：鉴别。芟：剪除。 ⑦荣卫：血气，血荣而气卫。

赞曰：篇章户牖①，左右相瞰②。辞如川流，溢则泛滥③。权衡损益④，斟酌浓淡。芟繁剪秽⑤，弛于负担⑥。

---

①户牖：门窗。 ②瞰：观望。 ③泛滥：漫溢。④权衡：考量。损益：增减。 ⑤芟繁剪秽：犹云芟剪繁秽。⑥弛于负担：谓免于文辞的病累。

声 律[1]

夫音律所始，本于人声者也。声（含）[合]宫商，肇自血气，先王因之，以制乐歌。故知器写人声，声非学器者也[2]。故言语者，文章□□[3]，神明枢机；吐纳律吕，唇吻而已[4]。古之教歌，先揆以法，使疾呼中宫，徐呼中徵[5]。夫（商）徵［羽］响高，宫（羽）[商]声下[6]，抗喉矫舌之差，攒唇激齿之异[7]，廉肉相准[8]，皎然可分。今操琴不调，必知改张；摛文乖张，而不识所调。响在彼弦，乃得克谐；声萌我心，更失和律，其故何哉？良由外听易为察，而内听难为聪也[9]。故外听之易，弦以手定；内听之难，声与心纷；可以数求，难以辞逐[10]。凡声有飞沉，响有双叠；双声隔字而每舛[11]，叠韵（杂）[离]句而必睽[12]。沉则响发而断，飞则声飏不还[13]，并辘轳交往，逆鳞相比[14]；（迂）[连]其际会，则往蹇来连[15]，其为疾病，亦文家之吃也[16]。夫吃文为患，生于好诡，逐新趣异，故喉唇纠纷。将欲解结，务在刚断。左碍而寻右，末滞而讨前[17]，则声转于吻，玲玲如振玉[18]；辞靡于耳，累累如贯珠矣。是以声画妍蚩[19]，寄在吟咏；（吟咏）滋味，流于（字）[下]句，气力穷于和韵[20]。异音相从谓之和，同声相应谓之韵[21]。韵气一定，（故）[则]

余声易遣；和体抑扬，故遗响难契㉒。属笔易巧，[而]选和至难；缀文难精，而作韵甚易。虽纤（意）[毫]曲变，非可缕言；然振其大纲，不出兹论。

---

①声律，即音乐性。为文须论声律，其说始于魏晋之际。曹植首唱梵呗，新声奇制，扇动当时。陆机推衍其说，《文赋》谓文章音节须令谐调。南朝宋末，始有平上去入四声。沈约著《四声谱》，清浊通流，口吻调利；齐梁文皆以此为规矩，而声律乃成文学之要质。　②推原作乐之始，孔颖达云：“乐写人音。人音有小大高下之殊，乐器有宫徵商羽之异，依人音而制乐，托乐器以写人，是乐本效人，非人效乐也。”说见《诗·大序·正义》。《广雅·释诂三》：“学，效也。”范文澜将“学”改为“效”，杨明照认为不误。杨说是也。　③此处脱二字，范文澜疑为“关键”，谓言语为声音，而声音为文章之关键。刘永济疑脱“管籥”二字。　④声音为文章关键，又为神明之枢机，至于律吕之吐纳，须验之唇吻，以求谐适。（从范文澜说）⑤数语见《韩非子·外储说右上》。本意为验声之术，文用为声音自然之准。　⑥凡声尊卑，取象五行，数多者浊，数少者清，宫数八十一，商数七十二，角数六十四，徵数五十四，羽数四十八，宫商浊，徵羽清。角清浊中。　⑦抗喉矫舌，攒唇激齿；皆歌时发声之状。　⑧《礼记·乐记》：“使其曲直繁瘠，廉肉节奏，足以感动人之善心而已矣。”疏曰：“曲，谓声音回曲。直，谓声音放直。繁，谓繁多。瘠，谓省约。廉，谓廉棱。肉，谓肥满。”　⑨“外听易为察而”六字，据《喻林》

八九引文补，详见杨明照《文心雕龙校注拾遗》。　⑩内听之难，由于声与心纷，故欲求声韵之调，可设律数以得之，徒骋文辞，难期切合。　⑪头发声，即为双声。两字发声同类者为双声，如东、德俱从舌。沈约论文有八病，一平头，二蜂腰，三鹤膝，四上尾，五大韵，六小韵，七正纽，八旁纽。双声隔字而每舛，即一旁纽病。如参差、流连等，皆双声，两字在一处，不为病。若中隔一字，即犯旁纽，例如曹植诗："佳丽殊百城。"殊城双声，隔一"百"字，便舛矣。　⑫两字同在一韵者曰叠韵，如皇、扬是。离，亦隔也。叠韵难句而必睽，即小韵病，如曹植诗"皇佐扬天惠"，五字内有皇、扬同韵字，为五字内犯小韵。陆机古歌云："嘉树生朝阳，凝霜封其条。"十字内有阳、霜同韵字，为十字内犯小韵。　⑬沉谓仄浊，非谓平清，一句纯用仄浊，或纯用平清，即读不能顺，所谓沉则响发而断，飞则声飏不还也。　⑭辘轳交往：喻声韵之圆转。逆鳞相比：喻声律之靡密。详参范文澜《文心雕龙注》卷七。　⑮迂：失也。《易·蹇卦·六四》："往蹇来连。"谓若错失声律之际会，则往来皆难。　⑯声律谬误，则喉唇纠纷，犹人之病口吃。　⑰左碍寻右，末滞讨前，即以声律之数，求其纠纷所在。　⑱玲玲：玉声。　⑲声恳，犹言文章声韵。妍蚩，犹美恶。　⑳"吟咏滋味流于字句"当作"滋味流于下句"，详见杨明照《文心雕龙校注拾遗》。　㉑上句指句内双声叠韵及平仄之和调，下句指句末所用之韵。　㉒上二句言择韵既定，则余韵从之，如用东韵，则凡同韵之字，皆得选用。下二句言一句中既须调顺，上下四句间，亦求和适。

若夫宫商大和，譬诸吹籥①；翻回取均②，颇似调瑟。瑟资移柱③，故有时而乖贰；籥含定管，故无往而不壹。陈思、潘岳，吹籥之调也；陆机、左思，瑟柱之和也④。概举而推，可以类见。

---

①籥：古乐器，有吹籥、舞籥二种，此言吹籥，似笛而短小；三孔。　②均即韵。　③琴瑟所以系弦者曰“柱”。④陈思、潘岳吐音雅正，无往不和。陆机语杂楚声，有时乖贰，须翻回以求正韵。左思齐人，文杂齐语，故文以二人为瑟柱之和。

又诗人综韵，率多清切①；《楚辞》辞楚，故讹韵实繁。及张华论韵，谓士衡多楚，《文赋》亦称（知楚）[取足]不易②，可谓衔灵均之（声余）[余声]，失黄钟之正响也。凡切韵之动，势若转圜；讹音之作，甚于枘方③。免乎枘方，则无大过矣。练才洞鉴，剖字钻响。（识疏）[疏识]阔略，随音所遇，若长风之过籁，南郭之吹竽耳④。古之佩玉，左宫右徵，以节其步⑤。声不失序，音以律文，其可（忘）[忽]哉⑥！

---

①诗人：指《诗经》创作之诗人。　②《文赋》：“亮功多而累寡，故取是而不易。”言其功既多，为累盖寡，故以取足

而不改易其文，本文推广其意，谓文中虽明知有楚音，而以功多累寡之故，因以取是而不易之。　③枘：木端入孔处。枘方：方枘而纳圆凿，故不相入。　④“剖字”句谓调声有术。“随音”句谓偶然而调。南郭处士为齐宣王吹竽，宣王悦之，湣王立，好一一而听之，处士逃，见《韩非子·内储说上》；此与长风句皆喻无术驭声者。　⑤《礼记·玉藻》：“古之君子必佩玉，右徵角，左宫羽，趋以《采齐》，行以《肆夏》。”《采齐》，乐章名，以为趋走之节。《肆夏》，同《陔夏》，乐章名，以为行步之节。　⑥此段言文中用韵，须取谐调，不可杂以方音。

赞曰：标情务远，比音则近。吹律胸臆，调锺唇吻①。声德盐梅②，响滑榆槿③。割弃支离④，宫商难隐⑤。

---

①锺：与“钟”通。晋平公锺，工者以为调，师旷以为不调，至师涓而果知锺不调。见《吕氏春秋·长见》。　②《书·说命》：“若作和羹，尔惟盐梅。”盐碱梅酸，皆以和羹。③《礼记·内则》：“堇、荁、枌、榆、免、薨、滫、瀡以滑之。”诸物皆用以调和饮食。槿：“堇”之借字。滑：和谐。④支离：繁琐杂乱。　⑤此赞言声律必须正常。

章　句①

夫设情有宅，置言有位；宅情曰章②，位言曰句。故章者，明也，句者，局也。局言者，联字以分疆，明情者，总义以包体。区畛相异，而衢路交通矣。夫人之立言，因字而生句，积句而（成）[为]章，积章而成篇。篇之彪炳，章无疵也；章之明靡③，句无玷也；句之清英，字不妄也④；振本而末从，知一而万毕矣。

---

①黄侃云："凡为文辞，未有不辨章句而能工者也；凡览篇籍，未有不通章句而能识其义者也。故一切文辞学术，皆以章句为始基。"详参其《文心雕龙札记》。　②宅：所托也，章之次也。言章明情志，必有所寄托而次序明晰。　③靡：华丽。明靡：明丽。　④字不妄用。论详《练字篇》。

夫裁文匠笔①，篇有小大；离章合句，调有缓急；随变适会，莫见定准。句司数字，待相接以为用②；章总一义，须意穷而成体。其控引情理，送迎际会，譬舞容回环，而有缀兆之位③；歌声靡曼，而有抗坠之节也④。寻诗人拟喻，虽断章取义，然章句在篇，如茧之抽绪。原始要终，体必鳞次。启行之辞，逆萌中篇之意；绝笔之言，追媵前句之旨⑤。故能外文绮交，内义脉注，跗萼相衔，首尾一体⑥。若辞失其朋，则羁旅而无友；事乖其次，则飘寓而不安。是以搜句忌于颠倒，裁章贵于顺序。斯固情趣之指归，文笔之同致也。

---

①裁：修炼。匠：琢磨。文与笔相对，晋以来对文体的称号。　②一字不成句，句必集数字而后成。　③缀兆：谓古代乐舞中舞者的位置。舞时表行列的叫“缀”，舞时进退的范围叫“兆”。　④《礼记·乐记》：“歌者上如抗，下如坠。”⑤启行：谓始也。绝笔：谓终也。媵：陪从之义。　⑥跗：萼足。八句大指，谓建其首，则思下辞可承；陈其末，则寻上义不犯；举其中，则先后须相附依。

若夫（笔）[章]句无常，而字有条数：四字密而不促，六字格①而非缓，或变之以三五，盖应机之权节也。至于《诗》颂，大体以四言为正；唯《祈父》《肇禋》，以二言为句②。寻二言肇于黄世，《竹弹》之谣是也③；三言兴于虞时，《元首》之诗是也④；四言广于夏年，“洛汭之歌”是也⑤；五言见于周代，《行露》之章是也⑥。六言七言，杂出《诗》《骚》，（二）[两]体之篇⑦，成于（两）[西]汉。情数运周，随时代用矣。

①格：宽长之义。　②祈父：《小雅》句。肇禋，《周颂》句。　③见《通变》注。　④《尚书·虞书》有“元首起哉”“元首明哉”之歌，“哉”为语助，实三言也。　⑤“洛汭之歌”，即古文《尚书·五子之歌》，夏太康失德，昆弟五人，须于洛汭，因作歌，歌为多四言。　⑥《诗·召南·行露》中有“谁谓雀无角，何以穿我屋”等五言句。　⑦二体：即指上六言七言。

若乃改韵（从）[徙]调，所以节文辞气。贾谊、枚乘，两韵辄易[1]；刘歆、桓谭，百句不迁[2]：亦各有其志也。昔魏武论（赋）[诗]，嫌于积韵，而善于（资）[贸]代[3]。陆云亦称：“四言转句，以四句为佳[4]。”观彼制韵，志同枚、贾。然两韵辄易，则声韵微躁；百句不迁，则唇吻告劳。妙才激扬，虽触思利贞，曷若折之中和，庶保无咎[5]。

①贾谊《吊屈原赋》及《鹏鸟赋》，皆两韵一易，枚乘所作，如《七发》等，实不尽然。　②刘歆文完存者，惟《遂初赋》，四句一转。　③魏武论赋，或作论诗，诗赋得通称，其论未见。贸：迁也。善于贸代，谓工换韵。　④二语见云与兄机书。　⑤二语谓当因宜适变，随时迁移，转之过速固嫌骤，久久不迁亦未合也。

又诗人以“兮”字入于句限，《楚辞》用之，字出句外。寻“兮”字（成）[承]句，乃语助余声。舜咏《南风》，用之久矣①，而魏武弗好，岂不以无益文义耶？至于夫、惟、盖、故者，发端之首唱；之、而、于、以者，乃札句之旧体；乎、哉、矣、也，亦送末之常科。据事似闲②，在用实切。巧者回运，弥缝文体，将令数句之外，得一字之助矣。外字难谬，况章句欤！

---

①舜《南风》之歌：“南风之薰兮，可以解吾民之愠兮；南风之时兮，可以阜吾民之财兮。” ②言根据实事，似在闲散之列。

赞曰：断章有检①，积句不恒②。理资配主③，辞忌失朋。环情（草）[革]调④，宛转相腾⑤。离合同异，以尽厥能⑥。

---

①断章：分章。检，法度，规矩，原则。 ②不恒：谓无常法。 ③理：犹下文情。资：须也。配：合也。今人所谓主题，《附会》比之“纲领”，而其所以发挥之情理，须以之为主导而配合。（从吴林伯说） ④草：黄校引孙云：“当作‘节’。”杨明照《拾遗》：“孙说于文意虽通，于致误之由则失，未可从也。疑原是‘革’字，‘草’其形误。‘革’，改也，更也。‘革调’即篇中‘改韵徙调’之意也。”其说信而有征。 ⑤宛转：变化。腾：涌现。 ⑥厥：其。

丽　辞[1]

造化赋形[2]，支体[3]必双；神理[4]为用，事不孤立。夫心生文辞，运裁百虑[5]，高下相须[6]，自然成对。唐虞[7]之世，辞未极文；而皋陶赞云："罪疑惟轻，功疑惟重[8]。"益陈谟云："满招损，谦受益[9]。"岂营丽辞，率然对（尔）[耳]。《易》之《文》《系》，圣人之妙思也。序《乾》四德，则句句相衔[10]；龙虎类感，则字字相俪[11]；乾坤易简，则宛转相承[12]；日月往来，则隔行悬合[13]。虽句字或殊，而偶意一也。至于诗人偶章，大夫联辞[14]，奇偶适变，不劳经营。自扬、马、张、蔡，崇盛丽辞，如宋画吴冶，刻形镂法[15]，丽句与深采并流，偶意共逸韵俱发。至魏晋群才，析句弥密，联字合趣，剖毫析厘。然契机者入巧[16]，浮假者无功。

---

①黄侃云："文之有骈俪，因于自然，不以一时一人之言而遂废。然奇偶之用，变化无方，文质之宜，所施各别。或鉴于对偶之末流，遂谓骈文为下格；或惩于俗流之恣肆，遂谓非骈体不得名文；斯皆拘滞于一隅，非闳通之论也。惟彦和此篇所言，最合中道。"　②造化赋形：谓人以阴阳之化合而生形体。③支体：即肢体。　④神理：犹"神道"。　⑤虑：思考。

⑥谓高与下统一而不可分割。 ⑦唐虞：指尧、舜。 ⑧⑨见古文《尚书·大禹谟》。 ⑩《易·乾卦·文言》：“元者，善之长也；亨者，嘉之会也；利者，义之和也；贞者，事之干也。君子体仁足以长人，嘉会足以合礼，利物足以和义，贞固足以干事。君子行此四德者，故曰：‘乾元亨利贞。’” ⑪《易·乾卦》：“同声相应，同气相求。水流湿，火就燥，云从龙，风从虎，金人作而万物睹。” ⑫《易·系辞》：“乾以易知，坤以简能。易则易知，简则易从。易知则有亲，易从则有功。有亲则可久，有功则可大。可久则贤人之德，可大则贤人之业。易简，而天下之理得矣；天下之理得，而成位乎其中矣。” ⑬《易·系辞》：“日往则月来，月往则日来，日月相推，而明生焉，寒往则暑来，暑往则寒来，寒暑相推，而岁成焉。” ⑭上句指三百篇之《诗》，下句指《左传》《国语》所记列国大夫朝聘应对之辞。 ⑮扬：扬雄；马：司马相如；张：张衡；蔡：蔡邕。皆两汉文人之首。宋元君将画图，众史皆至，受揖而立。一史后至，受揖不立，因之舍；使人视之，则解衣槃礴羸。君曰：“可矣，是真画者也。”见《庄子·田子方篇》。干将作剑，采五山之铁精，六合之金英，候天伺地，阴阳同光，百神临观，天气下降，见《吴越春秋》。《淮南子·修务篇》：“夫宋画吴冶，刻形镂法，乱修曲出。”言乱理之文，修饰之功，曲出于不意。 ⑯契机：契合神机。

故丽辞之体，凡有四对：言对为易，事对为难，反对为优，正对为劣。言对者，双比空辞者也；事对者，并举人验者也；反对者，理殊趣合者也；正对者，事异义同者也①。长卿《上林赋》云："修容乎《礼》园，翱翔乎《书》圃。"此言对之类也。宋玉《神女赋》云："毛嫱鄣袂，不足程式②；西施掩面，比之无色。"此事对之类也；仲宣《登楼》云："钟仪幽而楚奏，庄舄显而越吟③。"此反对之类也。孟阳《七哀》云："汉祖想枌榆，光武思白水④。"此正对之类也。凡偶辞胸臆，言对所以为易也；征人之学，事对所以为难也；幽显同志，反对所以为优也；并贵共心，正对所以为劣也。又以（言对）事对，各有反正，指类而求，万条自昭然矣⑤。

---

①本为言对、事对二对，二对又各有正反，故总为四对。②毛嫱，古美女。鄣：同"障"。不足程式：不足为法式。③仲宣：王粲字。郑获楚钟仪，献于晋。晋景公见之，与之琴。仪不忘楚，操南音。见《左传》成公九年。越人庄舄显仕于楚而病，楚王欲知其思越否，使人往听之，则犹越吟。见《史记·陈轸传》。　④孟阳，张载字。枌榆：社名，在丰。丰，高祖之故里，高祖曾祷此社。白水：南阳县，光武起兵于此。　⑤指类而聚，万条自昭然矣：即触类自能旁通之意。（从杨明照说）

张华诗称："游雁比翼翔，归鸿知接翮。"刘琨诗言："宣尼悲获麟，西狩泣孔丘。"若斯重出，即对句之骈枝也①。是以言对为美，贵在精巧；事对所先，务在允当。若两事相配，而优劣不均，是骥在左骖，驽为右服也②。若夫事或孤立，莫与相偶，是夔之一足，趻踔而行也③。若气无奇类，文乏异采，碌碌丽辞，则昏睡耳目。必使理圆事密，联璧其章。迭用奇偶，节以杂佩，乃其贵耳④。类此而思，理自见也。

---

①自“张华诗称”句至此，申言反对、正对。　②自“是以言对为美”句至此，申言言对、事对。　③夔：舜时乐正。相传夔一足，鲁哀公问孔子。孔子谓：“若夔者，一而足矣，非夔只一足也。”趻踔（chěn chuō）：跛足单跳貌。《庄子·秋水》：“吾以一足趻踔而行。”　④自“若气无奇类”句至此，就四对推进一层，言对偶虽合法，若无骨采，亦不可。

赞曰：体植必两①，辞动有配②。左提右挈，精味兼载③。炳烁联华④，镜静含态⑤。玉润双流⑥，如彼珩佩⑦。

---

①体：肢体。植：树立，产生。　②动：辄，每。配：对偶。　③精味：精粹的情理。兼载：用丽辞表达。　④炳烁：辉煌貌。　⑤镜静：明静之镜。　⑥双流：谓其光泽与声，以喻丽辞之须讲求藻饰及声律也。（从杨明照说）　⑦珩佩：指杂佩，各种不同的佩玉。

比　兴[①]

《诗》文弘奥，包韫六义[②]；毛公述传，独标“兴”体[③]。岂不以“风”通而“赋”同，“比”显而“兴”隐哉[④]？故“比”者，附也；“兴”者，起也。附理者，切类以指事；起情者，依微以拟议。起情，故“兴”体以立；附理，故“比”例以生。“比”则（畜）[蓄]愤以斥言，“兴”则环譬以（记）[托]讽。盖随时之义不一，故诗人之志有二也。

---

①王元化《文心雕龙讲疏》云：“《比兴篇》的篇名以及《赞》中所谓‘诗人比兴’，都是包含了更广泛的内容的。在这里，‘比兴’一词可以解释作一种艺术性的特征，近于我们今天所说的‘艺术形象’一语。《比兴篇》是刘勰探讨艺术形象问题的专论，其中所谓‘诗人比兴，拟容取心’一语，可以说是他对于艺术形象问题所提出的要旨和精髓。”　②《诗》之六义，风、雅、颂、赋、比、兴。　③毛公：名亨，传《诗》，即今之《故训传》。兴之为用，触物起情，节取托意。毛公为其理隐，其义深，故特标之。　④“比兴”一词，依照刘勰“比显而兴隐”的说法，亦作“明喻”和“隐喻”解，同样包含了艺术形象的某些方面的内容。（从王元化说）

观夫兴之托谕，婉而成章，称名也小，取类也大。关雎有别，故后妃方德①；尸鸠贞一，故夫人象义②。义取其贞，无从于夷禽③；德贵其别，不嫌于鸷鸟。明而未融，故发注而后见也④。且何谓为“比”？盖写物以附意，飏言以切事者也。故金锡以喻明德⑤，珪璋以譬秀民⑥，螟蛉以类教诲⑦，蜩螗以写号呼⑧，浣衣以拟心忧⑨，（席卷）[卷席]以方志固⑩。凡斯切象，皆“比”义也。至如“麻衣如雪”，“两骖如舞”，若斯之类，皆“比”类者也⑪。（楚襄）[衰楚]信谗，而三闾忠烈，依《诗》制《骚》，讽兼“比”“兴”⑫。炎汉虽盛，而辞人夸毗⑬，（诗）[讽]刺道丧，故“兴”义销亡。于是赋颂先鸣，比体云构⑭，纷纭杂遝，信旧章矣。

---

①《周南》首章为《关雎》，雎鸠鸟挚而有别，故以方后妃之德，其诗为兴体。　②《诗·召南·鹊巢》：“惟鹊有巢，惟鸠居之，之子于归，百两御之。”鹊作巢，各架春成，犹国君积行累功，故以兴焉。兴者，取其义也，尸鸠不自巢，因鹊成巢而居有之，而有均壹之德，犹国君夫人来嫁，居君子之室。③从，黄侃谓“疑”之误。杨明照云：“从，读曰纵。《说文·糸部》：‘纵，缓也；一曰舍也。’夷，常也。‘无从于夷禽’，言常禽如尸鸠亦可歌咏，而不舍弃也。”　④言虽明而未融会，发注始晓然。　⑤《诗·卫风·淇奥》：“瞻彼淇

奥，丝竹如箦，有匪君子，如金如锡，九圭如璧。”　⑥《诗·大雅·卷阿》：“颙颙卬卬，如圭如璋，令闻令望，岂弟君子，四方为纲。”此诗言求贤用吉士。　⑦《诗·小雅·小宛》：“螟蛉为子，蜾蠃负之，教诲尔子，式穀似之。”　⑧《诗·大雅·荡》：“文王曰咨，咨汝殷商，如蜩如螗，如沸如羹。”言饮酒号呼之声，如蜩螗之鸣。　⑨《诗·邶风·柏舟》：“心之忧矣，如匪浣衣。”言如衣之不浣。　⑩《诗·邶风·柏舟》：“我心匪石，不可转也。我心匪席，不可卷也。”言心志坚平，过于石席。　⑪《诗·曹风·蜉蝣》：“蜉蝣掘阅，麻衣如雪。”如雪：喻洁。《诗·郑风·大叔于田》：“执辔如组，两骖如舞。”言两骖马与两服马和谐，如人舞者之中于乐节。上两例皆取事物以比形状，与前所举比义者略异。　⑫王逸《离骚序》：“《离骚》之文，依诗取兴，引类譬喻。”释皎然《诗式》云：“取象曰比，取义曰兴，义即象下之意。”把比兴作为整个艺术形象的两个有机方面。刘勰坚持比、兴必须综合在一起，因此他肯定了“讽兼比兴”的《离骚》。　⑬夸毗：见《诗·大雅·板》，体柔人也。体柔，屈己求得于人。　⑭汉时诗中偶有兴体，赋颂则无之。

夫“比”之为义，取类不常：或喻于声，或方于貌，或拟于心，或譬于事。宋玉《高唐》云：“纤条悲鸣，声似竽籁①。”此比声之类也；枚乘《菟园》云：“（焱焱）[猋猋]纷纷，若尘埃之间白云。”此则比貌之类也；贾生《鹏（赋）[鸟]》云：“祸之与福，何异纠纆②。”此以物比理者也；王褒《洞箫》云："优柔温润，如慈父之畜子也。"此以声比心者也；马融《长笛》云："繁缛络绎，范、蔡之说也③。"此以响比辩者也。张衡《南都》云："起郑舞，茧曳绪。"此以容比物者也④。若斯之类，辞赋所先，日用乎"比"，月忘乎"兴"⑤，习小而弃大，所以文谢于周人也。至于扬、班之伦，曹、刘以下⑥，图状山川，影写云物，莫不纤综"比"义，以敷其华，惊听回视，资此效绩。又安仁《萤赋》云："流金在沙⑦。"季鹰《杂诗》云："青条若总翠⑧。"皆其义者也。故比类虽繁，以切至为贵。若刻鹄类鹜，则无所取焉⑨。

---

①纤条：细枝。竽籁：竽和箫。　②纠纆：绳索。言祸福相表里，如绳索相附会。　③范：范雎。蔡：蔡泽。　④《南都赋》原句云："坐南歌兮起郑儛，白鹤飞兮茧曳绪。"　⑤用比忘兴，即徒知切象而不知示义，徒知拟容而不知取心。（从王元化说）　⑥扬：扬雄。班：班固。曹：曹植。刘：刘桢。⑦潘岳《萤火赋》原句云："飘飘频频，若流金之在沙。"⑧张翰，字季鹰，其《杂诗》云："青条若总翠，黄华如散金。"　⑨"刻鹄"句见马援诫兄子书。此段畅论比义。

赞曰：诗人比兴，触物圆览①。物虽胡越，合则肝胆②。拟容取心③，断辞必敢④。攒杂咏歌，如川之（涣）[澹]⑤。

①圆览：精密观察。　②《庄子》："自其异者视之，肝胆胡越也。"　③"拟容取心"这句话里面的"容""心"二字，都属于艺术形象的范畴，它们代表了同一艺术形象的两面：在外者为"容"，在内者为"心"。合起来的意思就是：塑造艺术形象不仅要摹拟现实的表象，而且还要摄取现实的意蕴，通过现实表象的描绘，以达到现实意蕴的揭示。（王元化说）
④断辞：谓修辞。敢：果决。　⑤黄侃云："'涣'字失韵，当作'澹'，字形相近而误。澹澹，水貌也。"按，黄侃说是，据改正。

夸　饰[1]

夫形而上者谓之道，形而下者谓之器。神道难摹，精言不能追其极；形器易写，壮辞可得喻其真；才非短长，理自难易耳。故自天地以降，豫入声貌，文辞所被，夸饰恒存。虽《诗》《书》雅言，风（格）[俗]训世[2]，事必宜广，文亦过焉。是以言峻则“嵩高极天”[3]，论狭则“河不容舠”[4]，说多则“子孙千亿”[5]，称少则“民靡孑遗”[6]，襄陵举滔天之目[7]，倒戈立漂杵之论[8]；辞虽已甚，其义无害也。且夫鸮音之丑，岂有泮林而变好[9]？荼味之苦，宁以周原而成饴[10]？并意深褒赞，故义成矫饰。大圣所录，以垂宪章。孟轲所云“说《诗》者不以文害辞，不以辞害意”也。

---

①本篇以华丽的辞采说明夸饰之理，又于《赞》词中概括全文之妙。夸饰乃文学语言，而非学术语言。黄侃区分为五类：言有不能斥其事，则玄言其理；言有不能指其数，则浑括其事；言有不能表其精微，而假之物象；言有不能断限，而横略以词；言有质而意不显，文而易显。夸饰可以传难言之意，省不急之文，摹难传之状，得言外之情。刘永济云：“大抵夸饰之用，以写仿物状为宜。若摹绘心象，则易入浮伪。盖叙欢戚而辞溢其情，则

感会之效失而近谄，明事理而言过其实，则阐发之用乖而近诬。”　②杨明照云：“‘风格训世’，义不可通。作‘俗’是也。”张光年《骈体语评〈文心雕龙〉》译为“移风易俗而垂训后世”，极确。　③《诗·大雅·崧高》：“崧高维岳，骏极于天。”崧，同“嵩”，山大而高者。骏，大。　④《诗·卫风·河广》：“谁谓河广，曾不容刀。”舠，即刀，小船。⑤《诗·大雅·假乐》语。十万曰亿，谓得禄千亿。　⑥《诗·大雅·云汉》语。　⑦《书·尧典》：“汤汤洪水方割，荡荡怀山襄陵，浩浩滔天。”割，害。怀，包。襄，上。浩浩，盛大若漫天。　⑧《书·武成》：“罔有敌于我师，前徒倒戈，攻于后以北，血流漂杵。”　⑨《诗·鲁颂·泮水》：“翩彼飞鸮，集于泮林，食我桑黮，怀我好音。”怀，归。言鸮夜恶鸣，今来止于泮水之木上，食其桑黮，为此之故，故改其鸣，归就我以善音，喻感于恩则化。　⑩《诗·大雅·绵》：“周原膴膴，堇荼如饴。”言周之原地，膴膴然肥美，其所生菜，虽如堇荼之性苦者，亦甘如饴。

自宋玉、景差，夸饰始盛①；相如凭风，诡滥愈甚②。故上林之馆，奔星与宛虹入轩；从禽之盛，飞廉与焦明俱获③。及扬雄《甘泉》，酌其余波，语瑰奇则假珍于玉树，言峻极则颠坠于鬼神④。至《（东）[西]都》之比目⑤，《西京》之海若⑥，验理则理无（不）[可]验，穷饰则饰犹未穷矣。又子云《羽猎》，鞭宓妃以饟屈原，张衡《羽猎》，困玄冥于朔野。娈彼洛神，既非（罔两）[魑魅]，惟此水师，亦非（魑魅）[魍]⑦，而虚用滥形，不其疏乎！此欲夸其威而饰其事，义睽剌也⑧。至如气貌山海，体势宫殿，嵯峨揭业，熠耀焜煌之状⑨，光采炜炜而欲然⑩，声貌岌岌其将动矣⑪。莫不因夸以成状，沿饰而得奇也。于是后进之才，奖气挟声，轩翥而欲奋飞，腾（掷）[踯]而羞跼步。辞入炜烨⑫，春藻不能程其艳；言在萎绝，寒谷未足成其凋⑬；谈欢则字与笑并，论戚则声共泣偕。信可以发蕴而飞滞，披瞽而骇聋矣。然饰穷其要，则心声锋起，夸过其理，则名实两乖。若能酌《诗》《书》之旷旨，剪扬、马之甚泰，使夸而有节，饰而不诬，亦可谓之懿也。

---

①《法言》："诗人之赋丽以则，辞人之赋丽以淫。"屈原所作，诗人之赋，宋玉、景差为辞人之赋，故夸饰盛。 ②司马相如奏《大人赋》，天子大悦，飘飘有凌云气浮天地之间意，惟其诡滥，故使人有凭风欲仙之感。 ③《上林赋》："于是乎离宫则馆，弥山跨谷……奔星更于闺闼，宛虹拖于楯轩。"奔星：流星。宛虹：屈曲之虹。楯：栏槛，轩：楯下版。赋又言天子校猎曰："椎蜚廉。""掩焦明。"飞廉：龙雀，鸟身鹿头。焦明，状似凤凰。掩，取。 ④扬雄《甘泉》："翠玉树之青葱兮。"又："鬼魅不能自逮兮，半长途而下颠。"逮，及。颠，陨。 ⑤《尔雅》："东方有比目鱼焉，不比不行，其名谓之鲽。"班固《西都赋》引之，文云《东都》，盖误记也。

⑥张衡《西京赋》："海若游于玄渚。"海若：海神。　⑦扬赋："鞭洛水之宓妃，饟屈原与彭胥。"宓妃，伏羲氏女，溺死洛水为神。彭，彭咸。胥，伍子胥。张赋今残存者无"玄冥"一语。玄冥，水正。娈，美好貌。魍魉，魑魅，皆怪物。　⑧睽：违背。剌：戾。　⑨嵯峨：山高貌。揭业：状建筑物之高。熠燿焜煌：皆光明貌。　⑩炜炜：盛貌。然："燃"本字。⑪岌岌：高貌。　⑫炜烨：谓文辞明丽晓畅。　⑬寒谷不生五谷。

赞曰：夸饰在用，文岂循检[1]？言必鹏运[2]，气靡鸿渐[3]。倒海探珠，倾昆取琰[4]。旷而不溢，奢而无玷[5]。

---

①检：检制，常规。循检：遵循常规。　②鹍化为鹏，海运则将徙南冥，见《庄子·逍遥游》。南冥，天池。　③靡：披靡，发散。《易·渐卦》有"鸿渐于逵""鸿渐于陆"等语。④昆：山名，产美玉。琰：美玉。　⑤玷：原指玉上的瑕疵，引申为缺点。

事　类[1]

事类者，盖文章之外，据事以类义，援古以证今者也。昔文王繇《易》，剖判爻位[2]，《既济》九三，远引高宗之伐[3]，《明夷》六五，近书箕子之贞[4]：斯略举人事，以征义者也。至若胤征羲和，陈《政典》之训[5]；盘庚诰民，叙迟任之言[6]：此全引成辞以明理者也。然则明理引乎成辞，征义举乎人事，乃圣贤之鸿（谟）[模]，经籍之通矩也[7]。《大畜》之象“君子以多识前言往行”[8]，亦有包于文矣。

---

①本篇论述写文章用事引言，即用典的问题，旨在阐述用事要“博学约取，用人若己”。黄侃《札记》诠之曰：“道古语以剀今，道之属也。取古事以托喻，兴之属也。意皆相类，不必语出于我，事苟可信，不必义起乎今，引事引言，凡以达吾思而已。若夫文之以喻人也，征乎旧则易为信，举彼所知则易为从。”　②伏羲画八卦，文王重之为六十四卦，每卦六画，共三百八十四爻，支分阴阳。阳爻为初九、九二、九三、九四、九五、上九，阴爻为初六、六二、六三、六四、六五、上六。繇：抽也，抽出吉凶。　③《既济》：“九三，高宗伐鬼方，三年克之。”高宗：殷中兴主。鬼方：古地名。　④《明夷》：

"六五，箕子之明夷，利贞。"箕子：纣诸父，见纣无道，佯狂为奴。 ⑤夏仲康时，羲和废职，命胤侯征之，作《胤征》，中有云："《政典》曰：'先时者杀无赦，不及时者杀无赦。'" ⑥《书·盘庚》："迟任有言曰：'人惟求旧，器非求旧，惟新。'"盘庚：殷君。迟任：古贤人。 ⑦"用古事以征今情"有四端：直用（明用）、浑用（暗用）、综合、假设；"用成辞以明此义"也有四端：全句、隐括、引征、借字。详见刘永济《文心雕龙校释》。鸿谟，当作"鸿模"，见杨明照《文心雕龙校注拾遗》。 ⑧《易·大畜·象辞》："君子以多识前言往行，以畜其德。"

观夫屈、宋属篇，号依诗人，虽引古事，而莫取旧辞。唯贾谊《鹏（赋）［鸟］》，始用《鹖冠》之说①，相如《上林》，撮引李斯之书②，此万分之一会也。及扬雄《百官箴》，颇酌于《诗》《书》③，刘歆《遂初赋》，历叙于纪传④，渐渐综采矣。至于崔、班、张、蔡⑤，遂捃摭经史⑥，华实布濩⑦，因书立功，皆后人之范式也。

---

①《鹏鸟》语多与《鹖冠子·世兵》同。 ②李斯《谏逐客书》："建翠凤之旗，树灵鼍之鼓。"司马相如《上林赋》："建翠华之旗，树灵鼍之鼓。" ③扬雄作《十二州》《二十二官箴》，未作《百官箴》。《百官箴》乃后汉胡广作，范文澜因疑"百"为"州"之误。 ④刘歆见摈，不得意，因作《遂

初赋》，文中感往寓意，皆纪传中事。　⑤崔：崔骃。班：班固。张：张衡。蔡：蔡邕。　⑥捃摭：拾取。　⑦布濩：散被。

夫姜桂（同）[因]地，辛在本性①；文章由学，能在天（资）[才]。[故]才自内发，学以外成。有学饱而才馁，有才富而学贫。学贫者迍邅于事义②，才馁者劬劳于辞情，此内外之殊分也。是以属意立文，心与笔谋，才为盟主，学为辅佐。主佐合德，文采必霸，才学褊狭，虽美少功。夫以子云之才，而自奏不学，及观书石室，乃成鸿采③，表里相资，古今一也。故魏武称："张子之文为拙，然学问肤浅，所见不博，专拾掇崔、杜小文，所作不可悉难，难便不知所出。"斯则寡闻之病也。夫经典沉深，载籍浩瀚④，实群言之奥区，而才思之神皋也。扬、班以下，莫不取资。任力耕耨，纵意渔猎，操刀能割，必（列）[裂]膏腴。是以将赡才力，务在博见，狐腋非一皮能温，鸡蹠必数千而饱矣⑤。

---

①语出宋玉集序。言姜桂虽因地而生，不因地而辛，辛固在其本性。　②迍邅（zhūn zhān）：难行不进貌。　③扬雄与刘歆书："雄为郎三岁，自奏少不奉学，而心好沉博绝丽之文，愿不受三岁之奉，且休脱直事之繇；得肆心广意，以自克就，有诏可不夺奉，令尚书赐笔墨钱六万，得观书于石室。"　④载籍：书籍，典籍。浩瀚：繁多。　⑤《慎子》："千金之

裘，非一狐之腋。”《淮南子·说山训》：“天下无粹白狐而有粹白之裘，掇之众白也。善学者若齐王之食鸡，必食其蹠数千而后足。”皆喻学者取道众多，然后优也。

是以综学在博，取事贵约，校练务精，捃理须覈[①]，众美辐（辏）[凑]，表里发挥。刘劭《赵都赋》[②]云：“公子之客，叱劲楚令歃盟[③]；管库隶臣，呵强秦使鼓缶[④]。”用事如斯，可谓理得而义要矣。故事得其要，虽小成绩，譬寸辖制轮，尺枢运关也[⑤]。或微言美事，置于闲散，是缀金翠于足胫，靓粉黛于胸臆也[⑥]。

---

①黄叔琳曰：“徒博而校练不精，其取事捃理不能约覈，无当也。”　②刘劭：字孔才，三国魏人，作《赵都赋》，明帝美之，文今残。　③公子：赵平原君赵胜也。客：门客，毛遂也。遂从平原君往楚，迫楚王定盟，事见《史记·平原君传》。　④管库：管库之士。隶臣：属于隶者。此蔺相如从赵王与秦王会渑池事，见《史记·蔺相如传》，相如本宦者缪贤舍人，故称为管库隶臣。　⑤《淮南子·缪称训》：“终年为车，无三寸之辖，不可以驱驰。匠人斫户，无一尺之楗，不可以闭藏。”辖：车轴端键，以铁为之，车轴出毂外，则以键固之。枢：户枢。楗：关楗。　⑥靓（jìng）：妆饰。粉黛：傅面的白粉和画眉的黛墨，均为化妆用品。

凡用旧合机，不啻自其口出；引事乖谬，虽千载而为瑕。陈思，群才之英也，报孔璋书云："葛天氏之乐，千人唱，万人和，听者因以蔑《韶》《夏》矣①。"此引事之实谬也，按葛天之歌，唱和三人而已②。相如《上林》云："奏陶唐之舞，听葛天之歌，千人唱，万人和。"唱和千万人，乃相如推之；然而滥侈葛天，推三成万者，信赋妄书，致斯谬也。陆机《园葵诗》云："庇足同一智，生理（合异）[各万]端。"夫"葵能卫足"，事讥鲍庄③；"葛藟庇根"，辞自乐豫④，若譬"葛"为"葵"，则引事为谬，若谓"庇"胜"卫"，则改事失真，斯又不精之患。夫以子建明练，士衡沉密，而不免于谬；曹（仁）[洪]之谬高唐，又曷足以嘲哉⑤！夫山木为良匠所度，经书为文士所择，木美而定于斧斤，事美而制于刀笔，研思之士，无惭匠石矣⑥。

---

①陈思王此书今佚。《韶》：舜乐。《夏》：禹乐。　②《吕氏春秋·古乐篇》："昔葛天氏之乐，三人操牛尾，投足以歌八阕。"　③齐灵公刖鲍牵，仲尼曰："鲍庄子之知不如葵，葵犹能卫其足。"见《左传·成公十七年》。　④宋昭公将去群公子，乐豫曰："不可。公族，公室之枝叶也，若去之，则本根无所庇荫矣。葛藟犹能庇其本根，故君子以为比，况国君乎！"见《左传·文公七年》。　⑤陈琳《为曹洪与魏文帝书》，有"盖闻过高唐者，效王豹之讴"之句。《孟子》："緜驹处高唐，而齐右善歌。"洪书"緜驹"误作"王豹"。文帝当答书嘲

之，答书今佚。　⑥匠石：古代名字叫“石”的巧匠，出《庄子·徐无鬼》，能够运斤成风。后亦用以泛称能工巧匠或擅长写作的人。

赞曰：经籍深富，辞理遐亘①。皜如江海②，郁若昆邓③。文梓共采，琼珠交赠④。用人若己，古来无懵⑤。

---

①辞理：辞采情理。遐亘：远远地联系。　②皜：通“灏”，浩瀚无际貌。　③郁：茂盛貌，浓郁貌。昆：昆仑山，产美玉。邓：邓林，产美木。　④文梓：神木，见《吴越春秋》。琼：美玉。交赠：互出。“文梓”二句，互文见义，实谓经籍中洁白、茂盛的辞采、情理若文梓、珠玉之互出，而为人所共拾。　⑤懵：与“瞢”同，忧闷，惭愧。本篇谈用典要少而精，恰到好处，达到“用人若己”的地步。

练　字[1]

夫文象列而结绳移，鸟迹明而书契作；斯乃言语之体貌，而文章之宅宇也[2]。苍颉造之，鬼哭粟飞[3]；黄帝用之，官治民察[4]。先王声教，书必同文，輶轩之使，纪言殊俗，所以一字体，总异音[5]。《周礼》保氏，掌教六书[6]。秦灭旧章，以吏为师[7]。乃李斯删籀而秦篆兴[8]，程邈造隶而古文废[9]。汉初草律，明著厥法：太史学童，教试六体；又吏民上书，字谬辄劾[10]。是以马字缺画，而石建惧死[11]，虽云性慎，亦时重文也。至孝武之世，则相如撰篇[12]。及宣（成）[平]二帝，征集小学，张敞以正读传业，扬雄以奇字纂训[13]，并贯练《雅》《颂》，总阅音义，鸿笔之徒，莫不洞晓。且多赋京苑，假借形声，是以前汉小学，率多玮字，非独制异，乃共晓难也[14]。暨乎后汉，小学转疏，复文隐训，臧否大半[15]。及魏代缀藻，则字有常检，追观汉作，翻成阻奥。故陈思称："扬、马之作，趣幽旨深，读者非师传不能析其辞，非博学不能综其理。"岂直才悬，抑亦字隐[16]。自晋来用字，率从简易；时并习易，人谁取难？今一字诡异，则群句震惊，三人弗识，则将成字妖矣。后世所同晓者，虽难斯易；时所共废，虽易斯难；趣舍之间，不可不察。夫《尔雅》者，孔徒之所纂，而《诗》《书》之襟带也⑰；《仓颉》者，李斯之所辑，而（鸟）[史]籀之遗体也⑱。《雅》以渊源诂训，《颉》以苑囿奇文，异体相资，如左右肩股，该旧而知新，亦可以属文。若夫义训古今，兴废殊用，字形单复，妍媸异体。心既托声于言，言亦寄形于字；讽诵则绩在宫商，临文则能归字形矣。

---

①范文澜《文心雕龙注》云："《章句篇》以下，《丽辞》《比兴》《夸饰》《事类》四篇所论，皆属于句之事。而四篇之中，《事类》属于"丽辞"，所重在于事对也。《夸饰》属于"比兴"，以比之意味加重则成夸饰也。《练字篇》与上四篇不相联接，当直属于《章句篇》。"黄侃《文心雕龙札记》云："今欲明于练字之术，以驭文质诸体，上之宜明正名之学，下亦宜略知《说文》《尔雅》之书，然后从古从今，略无蔽因，依人自撰，皆有权衡，厘正文体，不致陷于卤莽，传译外生龙活虎，不致失其本来。由此可知练字之功，在文家为首要。" ②体貌：犹言符号。文章之宅宇，谓文章寄托于字体。 ③《淮南子·本经训》："昔者仓颉作书，而天雨粟，鬼夜哭。"言文字兴而乱渐见，故感。 ④许慎《说文解字序》："黄帝之史苍颉，见鸟兽蹄坑之迹，知分理之可相别异也，初造书契，百工以乂，万品以察。" ⑤《礼记·中庸》："非天子，不议礼，不制度，不考文。今天下车同轨，书同文，行同伦。"輶（yóu）轩：古代使臣乘坐的一种轻车。三代周秦常以岁八月遣輶轩之使

巡求异代方言，以木铎记诗言。⑥六书：指象形、指事、会意、形声、转注、假借。⑦李斯事始皇奏请烧灭天下《诗》《书》百家语，有欲学法令者，以吏为师。⑧籀（zhòu），周宣王时太史籀所作，故称。亦即大篆。李斯奏罢不与秦文合者，作《仓颉篇》，赵高作《爰历篇》，胡母敬作《博学篇》，皆取籀书省改之。⑨秦始皇使下杜人程邈作隶书。⑩萧何草律，著法曰："太史试学童能讽书九千字以上，乃得为史，又以六体试之，课最者以为尚书御史史，书令史。吏民上书，字或不正，辄举劾。"六体：指古文、奇字、篆书、隶书、缪篆、虫书。⑪石奋子建为郎中令，奏事下，建读之，惊恐曰："书马者，与尾而五，今乃四，不足一，护谴死矣。"见《汉书·石奋传》。⑫武帝时，司马相如作《凡将篇》，无重复之字。⑬小学：古代语言文字之学。宣帝时，以《仓颉》多古字，俗师失其读，征齐人能正读者，张敞从受之，杜业、爰礼、秦近亦能言之。平帝时，征礼等百余人，说字未央庭中，扬雄采其有用者，作《训纂篇》。⑭西汉扬、马之徒，多能洞明字学，其文用古文奇字甚多。⑮复文：如有长字、斗字，重作"马头人之长"，"人持十之斗"之类。隐训：诡僻之训，如屈中为虫，"苛"之字止句也之类。大，范文澜疑"亦"之误，臧否亦半，言后汉之文，有深于小学者，有疏于小学者，善否各半。⑯陈思语不详所自。⑰扬雄谓《尔雅》为孔门游夏之传，郑玄只云孔子门人所作。⑱李斯作《苍颉》七篇，文字多取史籀。

是以缀字属篇，必须练择：一避诡异，二省联边，三权重出，四调单复。诡异者，字体瑰怪者也。曹摅诗称："岂不愿斯游，褊心恶讻呶[①]。"两字诡异，大疵美篇，况乃过此，其可观乎！联边者，半字同文者也，状貌山川，古今咸用，施于常文，则龃龉为瑕[②]；如不获免，可至三接[③]，三接之外，其字林乎！重出者，同字相犯者也。《诗》《骚》适会，而近世忌同，若两字俱要，则宁在相犯[④]。故善为文者，富于万篇，贫于一字，一字非少，相避为难也。单复者，字形肥瘠者也。瘠字累句，则纤疏而行劣；肥字积文，则黯黕而篇暗[⑤]。善酌字者，参伍单复，磊落如珠矣。凡此四条，虽文不必有，而体例不无。若值而莫悟，则非精解。

---

①摅诗无考。讻呶：喧哗声。　②龃龉：不相当，不协调，差失。　③三接：半字同文之字，可连接三字；如沈约诗"别羽泛清源"，水旁之字，连接至三字是。　④曹植《弃妇》二十四语中，重韵甚多，殆即两字俱要宁相犯。顾炎武《日知录》卷二十一有"古人不忌重韵"条，可参看。　⑤黯黕（dǎn）：晦涩，不鲜明。

至于经典隐暧，方册纷纶，简蠹帛裂，三写易字[①]，或以音讹，或以文变。子思弟子，"于穆不（祀）[似]"者，音讹之异也[②]；晋之史记，"三豕渡河"，文变之谬也[③]。《尚书大传》有"别风淮雨"；《帝王世纪》云"列风淫雨”。“别列”“淮淫”，字似潜移。“淫列”义当而不奇，“淮别”理乖而新异。傅毅制《诔》，已用“淮雨”④，元长作《序》，亦用“别风”。固知爱奇之心，古今一也。史之阙文，圣人所慎，若依义弃奇，则可与正文字矣。

---

①书三写，鱼成鲁，帝成虎。见《抱朴子·遐览篇》。②《诗·周颂》：“于穆不已。”孟仲子曰：“于穆不似。”孟仲子，子思弟子。　③子夏之晋，过卫，有读《史记》者曰：“晋师三豕涉河。”子夏曰：“非也，是己亥耳。”“己”与“三”相近，“亥”与“豕”相似，至于晋而问之，果曰“晋师己亥涉河也”。见《吕氏春秋·察传篇》。　④《古文苑》载傅毅《靖王兴诔》：“白日幽光，淮雨杳冥。”后人易为“氛雾杳冥”，诔文今不全。

赞曰：篆隶相镕，《苍》《雅》品训①。古今殊迹，妍媸异分②。字靡（异）[易]流，文阻难运③。声画昭精④，墨采腾奋⑤。

---

①《苍》：即《苍颉篇》，《雅》：即《尔雅》。品：品量。　②迹：迹象。分：等次。　③靡：磨切。运：通畅。④《法言·问神》：“言，心声也。书，心画也。”声画：喻人之语言、情感。昭精：朗炼。　⑤墨采：辞藻。腾奋：生动。

指 瑕[①]

管仲有言："无翼而飞者声也，无根而固者情也。"[②]然则声不假翼，其飞甚易，情不待根，其固匪难；以之垂文，可不慎欤？古来文（才）[士]，异世争驱；或逸才以爽迅，或精思以纤密，而虑动难圆，鲜无瑕病。陈思之文，群才之俊也，而《武帝诔》云："尊灵永蛰。"[③]《明帝颂》云："圣体浮轻。"[④]"浮轻"有似于胡蝶，"永蛰"颇疑于昆虫，施之尊极，岂其当乎！左思《七讽》，说孝而不从，反道若斯，余不足观矣[⑤]。潘岳为才，善于哀文，然悲内兄，则云"感口泽"[⑥]，伤弱子，则云"心如疑"[⑦]。《礼》文在尊极，而施之下流，辞虽足哀，义斯替矣。若夫君子拟人，必于其伦[⑧]。而崔瑗之诔李公，比行于黄虞[⑨]，向秀之赋嵇生，方罪于李斯[⑩]；与其失也，虽宁僭无滥[⑪]，然高厚之诗，不类甚矣[⑫]。凡巧言易标，拙辞难隐，斯言之玷，实深白圭[⑬]。繁例难载，故略举四条[⑭]。

---

①本篇所指之瑕，黄侃归纳为六类：一为文义失当，二为比拟不类，三为字义依稀，四为语音犯忌，五为掠人之美，六为注解谬误。　②语出《管子》。无翼而飞：如出言门庭，千里必

应。无根而固：如同舟共济，胡越相亲。文引二语，喻文传久远，易为人所记识。 ③《武帝诔》："幽闼一扃，尊灵永蛰。" ④《冬至献袜颂》："翱翔万域，圣体浮轻。" ⑤左思《七讽》文残佚。 ⑥潘岳《悲内兄文》今已无考。《礼记·玉藻》："父没而不能读父之书，手泽存焉尔；母殁而杯圈不能饮焉，口泽之气存焉尔。" ⑦《礼记·檀弓》："孔子观送葬者，曰：'善哉为丧乎！其往也如慕，其反也如疑。'"潘岳《金鹿哀辞》："将反如疑，回首长顾。" ⑧《礼记·曲礼》："拟人必于其伦。" ⑨崔瑗《李公诔》今已无考。 ⑩向秀《思旧赋》："昔李斯之受罪兮，叹黄犬而长吟。悼嵇生之永辞兮，顾日影而弹琴。" ⑪《左传》襄公二十六年："善为国者，赏不僭而刑不滥……若不幸而过，宁僭无滥。"僭：过分。滥：溢也。宁僭指崔诔，无滥指向赋。⑫《左传·襄公十六年》："晋与诸侯宴，使诸大夫舞，曰'歌诗必类。'齐高厚之诗不类。"必类，使各从恩好之义类；不类，非其我类。 ⑬《诗·大雅·抑》："白圭之玷，当可磨也。斯言之玷，不可为也。" ⑭四条：即上陈思比尊于微，左思反道，潘岳称卑如尊，崔、向僭滥是也。

若夫立文之道，惟字与义。字以训正，义以理宣。而晋末篇章，依希其旨，始有"赏际奇至"之言，终（无）[有]抚叩（酬即）[即酬]之语，每单举一字，指以为情。夫"赏"训锡赉，岂关心解？"抚"训执握，何预情理①？雅颂未闻，汉魏莫用，悬领似如可辩，课文了不成义，斯实情讹之所变，文浇之致弊②。而宋来才英，未之或改，旧染成俗，非一朝也。近代辞人，率多猜忌，至乃比语求蚩，反音取瑕③，虽不屑于古，而有择于今焉④。又制同他文，理宜删革；若（排）[掠]人美辞，以为己力，宝玉大弓，终非其有⑤。全写则揭箧，傍采则探囊⑥，然世远者太轻，时同者为尤矣⑦。

---

①此节难得确解。沈约《宋书·谢灵运传论》："飒高历赏。"傅亮《修张良庙教》："抚事弥深。"即六朝人用赏字、抚字之例，实则"赏"在《说文》作"赐有功"解，"抚"于《广雅》作"持"解而已。　②晋来造语依稀，除"赏""抚"二字外，解识曰领悟，契合曰会心，誉人如亭亭直上，罗罗清疏等，叩其实义，皆欠分明，此皆文浇之致弊也。　③蚩：同"媸"，恶也。梁费昶诗："不知是耶非。"殷沄诗："飙飓云母舟。"简文帝曰："昶既不识其父，沄又飙飓其母。"此即比语求蚩之类。反音，以反切为音，如任昉言《何绍智诗》，可谓高厚，何大怒，以为称己为狗号。　④不屑于古，有择于今，言此虽不雅，然习俗如是，亦不可不留意，以免世之猜忌。　⑤《左传》定公八年：阳虎窃宝玉大弓。宝玉：夏后氏之璜；大弓：封父之繁弱。　⑥《庄子·胠箧篇》："将为胠箧探囊发匮之盗而为守备……然而巨盗至，则负匮揭箧担囊而趋。"　⑦世远者太轻：谓窃取古辞，是轻薄无行。时同者为尤，谓掠取时说，将自招咎尤。范文澜云："造文之士，能杼轴己怀，不相剽贼，斯免

瑕累矣。”掠人之美，今日则侵犯知识产权矣。

若夫注解为书，所以明正事理；然谬于研求，或率意而断。《西京赋》称中黄育获之畴，而薛综谬注，谓之阉尹，是不闻执雕虎之人也①。又《周礼》井赋，旧有匹马②，而应劭释“匹”，或量首数蹄，斯岂辩物之要哉③？原夫古之正名，车“两”而马“匹”，“匹”“两”称目，以并耦为用④。盖车贰佐乘，马俪骖服，服乘不只，故名号必双⑤。名号一正，则虽单为匹矣。匹夫匹妇，亦配义矣。夫车马小义，而历代莫悟；辞赋近事，而千里致差；况钻灼经典⑥，能不谬哉？夫辩言而数首蹄，选勇而驱阉尹，失理太甚，故举以为戒。丹青初炳而后渝⑦，文章岁久而弥光，若能隐括于一朝⑧，可以无惭于千载也。

---

①《尸子》：“中黄伯曰：‘余左执太行之獶，而右搏雕虎。’”獶，猕猴。雕，文采之意。育，夏育。获，乌获。皆古勇士。

②《司马法》：“六尺为步，步百为晦，晦百为夫，夫三为屋，屋三为井，井十为通，通为匹马。”《正义》曰：“三十家使出马一匹，故曰通为匹马。” ③应劭《风俗通》今本无“量首数蹄”之文。 ④车数称两，以其有两轮，马称匹，由牝牡相离，其名号本因耦而生。 ⑤佐：副车。骖两服两，骖在外，服在内。 ⑥钻灼：犹钻研。 ⑦渝：变坏。 ⑧隐括：正邪曲之器，隐揉曲，括正方。

赞曰：羿氏舛射①，东野败驾②。虽有俊才，谬则多谢③。斯言一玷，千载弗化④。令章靡疚⑤，亦善之亚⑥。

---

①羿氏善射，与吴贺北游，贺使射雀左目，羿误中右目，羿俯首而愧，终身不忘。见《帝王世纪》。　②东野稷以御见庄公，进退中绳，左右旋中规。庄公使之钩百而反。颜阖遇之，入见曰："稷之马将败。"少焉，果败而反。公曰："子何以知之？"阖曰："其马力竭矣，而犹求焉，故曰败。"见《庄子·达生篇》。钩百：任意旋回，如钩之曲，百度反之，皆复其迹。③谢：衰落。　④此句言谬误既成，即难改正。　⑤令：使。靡：无。疚：病。此指文章无语病。　⑥亚：稍次。

养　气[1]

昔王充著述，制《养气》之篇，验己而作，岂虚造哉[2]！夫耳目鼻口，生之役也；心虑言辞，神之用也。率志委和[3]，则理融而情畅；钻砺过分[4]，则神疲而气衰；此性情之数也。夫三皇辞质，心绝于道华[5]；帝世始文，言贵于敷奏[6]。三代春秋，虽沿世弥缛[7]。并适分胸臆，非牵课才外也。战代（枝）[技]诈，攻奇饰说；汉世迄今，辞务日新，争光鬻采，虑亦竭矣。故淳言以比浇辞，文质悬乎千载；率志以方竭情，劳逸差于万里。古人所以余裕，后进所以莫遑也。凡童少鉴浅而志盛，长艾识坚而气衰[8]。志盛者思锐以胜劳，气衰者虑密以伤神。斯实中人之常资，岁时之大较也。若夫器分有限，智用无涯，或惭凫企鹤[9]，沥辞镌思[10]，于是精气内销，有似尾闾之波[11]，神志外伤，同乎牛山之木[12]。怛惕之（盛）[成]疾[13]，亦可推矣。至如仲任置砚以综述[14]，叔通怀笔以专业[15]，既暄之以岁序[16]，又煎之以日时。是以曹公惧为文之伤命[17]，陆云叹用思之困神[18]，非虚谈也。夫学业在勤，（功庸弗怠）[19]，故有锥股自厉，（和熊以苦之人）[20]。（志）[至]于文也，则申写郁滞，故宜从容率情，优柔适会[21]。若销铄精胆，蹙迫和气，秉牍以驱龄，洒翰以伐性[22]，岂圣贤之素心，会文之直理哉[23]！且夫思有利钝，时有通塞。沐则心覆，且或反常[24]，神之方昏，再三愈黩。是以吐纳文艺，务在节宣[25]：清和其心，调畅其气；烦而即舍，勿使壅滞[26]。意得则舒怀以命笔，理伏则投笔以卷怀；逍遥以针劳，谈笑以药倦；常弄闲于才锋，贾余于文勇[27]。使刃发如新[28]，（凑）[腠]理无滞[29]，虽非胎息之（迈）[万]术[30]，斯亦卫气之一方也。

---

①本篇谈的“气”指人的精气。“养气”就是保养人的精神力气。黄侃《文心雕龙札记》释之曰：“养气谓爱精自保，与《风骨篇》所云诸“气”字不同。此篇之作，所以补《神思篇》之未备，而求文思常利之术也。”《神思篇》提出过“秉心养术，无务若虑；含章司契，不必劳情”的主张。本篇进一步说：“率志委和，则理融而情畅，钻砺过分，则神疲而气衰。”为什么刘勰用“率志委和”去阐明文学的创作活动呢？王元化认为，刘勰旨在阐明作家在创作时必须清和其心，调畅其气，优柔自适，舒怀命笔，而不能陷于壅滞，流于蹙迫。　②王充《论衡·自纪》：“章和二年，罢州家居，年渐七十，时可悬舆……乃作养性之书，凡十六篇。养气自守，适食则酒，闭明塞听，爱精自保，适辅服药引导，庶几性命可延，斯须不老。”　③率志委和：指文学创作过程中的一种从容不迫，直接书写的自然态度。率：遵也，循也。委：付属也。“率志委和”就是循心之所至，任气之和畅的意思。（从王元化说）　④钻砺：刻苦研求之意。

⑤道华：言辞华饰。　⑥敷奏：敷叙陈述。　⑦缛：繁采饰。　⑧《礼记·曲礼上》：五十曰“艾”。　⑨《庄子·骈拇》：“是故凫胫虽短，续之则忧，鹤胫虽长，断之则悲，故性长非所断，性短非所续，无所去忧也。”　⑩沥辞：刻意为文。镌思：苦思。　⑪《庄子·秋水》：“天下之水，莫大于海，万川归之，不知何时止而不盈，尾闾泄之，不知何时已而不虚。”尾闾：海东川名。　⑫《孟子·告子上》：“牛山之木尝美矣，以其郊于大国也，斧斤伐之……牛羊又从而牧之，是以若彼濯濯也。”濯濯：光秃貌。　⑬怛惕：惊恐忧惧，指害怕得不到佳作而烦恼紧张。　⑭仲任：王充字。王充家贫无书，往市中省所卖书，一见便忆，门墙屋柱，皆施笔砚，以著《论衡》。　⑮叔通：曹褒字。曹褒恨朝廷制度未备，慕叔孙通为汉礼仪，昼夜研思，寝则怀抱笔札，行则诵习文书。见《后汉书》。　⑯暄：耗时之意。　⑰曹公语未详，惟曹植有反胃之论。　⑱陆云与陆机书：“兄文章已自行天下，多少无所在，且用思困人，亦不事复及。”　⑲庸：功。　⑳苏秦读书欲睡，引锥自刺其股，血流至足。见《战国策·秦策》。“和熊以苦之人”一句为后人妄增，当删。　㉑纪昀以“学宜苦，行文须乐”来阐发这段话的含意，可谓笃论。“苦”正是指辛勤积累，“乐”正是指直接抒写，亦称“灵感”。前人所谓“直寻”，所谓“天机自露”，所谓“无心偶会”，也就是刘勰所说的“从容率情，优柔适会”之义。这些说法正可用来作为“率志委和”说的最惬恰的注释。（从王元化说）　㉒伐性：残害生命，见《吕氏春秋·本生》。　㉓直：正。　㉔《左传·僖

公二十四年》："晋侯之竖头须……求见，公辞焉以沐，谓仆人曰：'沐则心覆，心覆则图反，宜吾不得见也。'"文引此，喻时机之不当。　㉕节宣，节制作乐。　㉖二语出《左传》昭公元年。　㉗犹言贾余勇于文。贾：出售。　㉘《庄子·养生主》："臣之刀十九年，所解数千牛，而刀刃若新发于硎。"硎：磨刀石。　㉙《吕氏春秋·先己》："用其新去其陈，腠理遂通。"腠理：条理。　㉚胎息：习闭气而吞之，见《后汉书·方术传》。

赞曰：纷哉万象，劳矣千想。玄神宜宝，素气资养①。水停以鉴②，火静而朗。无扰文虑，郁此精爽③。

---

①玄神：天赋的神气。素气：平素的体气。宝：珍重。资：需要。　②《庄子·天道》："水静则明。"　③虑：思也。文虑：文思。郁：郁结，郁滞。精爽：神明。

附　会[1]

何谓“附会”？谓总文理，统首尾，定与夺，合涯际，弥纶一篇，使杂而不越[2]者也。若筑室之须基构，裁衣之待缝缉矣。夫才（量）[童]学文[3]，宜正体制。必以情志为神明，事义为骨髓，辞采为肌肤，宫商为声气；然后品藻玄黄[4]，摛振金玉[5]，献可替否[6]，以裁厥中；斯缀思之恒数也。凡大体文章，类多枝派。整派者依源，理枝者循干。是以附辞会义，务总纲领；驱万涂于同归，贞百虑于一致[7]；使众理虽繁，而无倒置之乖[8]；群言虽多，而无棼丝之乱[9]；扶阳而出条[10]，顺阴而藏迹[11]；首尾周密，表里一体。此附会之术也。夫画者谨发而易貌，射者仪毫而失墙[12]；锐精细巧，必疏体统。故宜诎寸以信尺，枉尺以直寻[13]，弃偏善之巧，学具美之绩。此命篇之经略也[14]。夫文变（多）[无]方，意见浮杂，约则义孤，博则辞叛；率故多尤，需为事贼[15]。且才分不同，思绪各异，或制首以通尾，或尺接以寸附[16]，然通制者盖寡，接附者甚众。若统绪失宗，辞味必乱；义不脉流，则偏枯文体。夫能悬识（凑）[腠]理[17]，然后节文自会，如胶之粘木，（豆）[石]之合（黄）[玉]矣[18]。是以（驷）[四]牡异力，而六辔如琴；（并驾齐驱，而一毂统辐）[19]。驭文之法，有似于此。去留随心，修短在手，齐其步骤，总辔而已[20]。故善附者异旨如肝胆，拙会者同音如胡越。改章难于造篇，易字艰于代句，此已然之验也。昔张汤拟奏而再却，虞松草表而屡谴，并（理事）[事理]之不明，而词旨之失调也。及倪宽更草，钟会易字，而汉武叹奇，晋景称善者，乃理得而事明，心敏而辞当也[21]。以此而观，则知附会巧拙，相去远哉！若夫绝笔断章，譬乘舟之振楫；会词切理，如引辔以挥鞭。克终（底）[底]绩，寄（深）[在]写（远）[送][22]；若首唱荣华，而媵句憔悴，则遗势郁湮，余风不畅。此《周易》所谓“臀无肤，其行次且”也[23]。惟首尾相援，则附会之体，固亦无以加于此矣。

---

①纪昀云：“附会者，首尾一贯，使通篇相附而会于一，即后来之章法也。”王元化认为，所谓附会也就是指作文的谋篇命意，布局结构之法。按：刘勰所谓“附会”是“附辞会义”的简写。“会义”是把文意会合成一个整体；“附辞”是结合内容来安排。本篇与《镕裁》《章句》二篇为姊妹篇。黄侃云：“循玩斯文，与《镕裁》《章句》二篇所说相备。然《镕裁篇》但言定术，至于定术以后，用何道以联属众辞，则未暇晰言也。《章句篇》致意安章，至于安章以还，用何理斠量乖顺，亦未申说也。二篇各有首尾圆合。首尾一体之言，又有纲领昭畅、内义脉注之论，而总文理定首尾之术，必宜更有专篇以备言之，以《附会篇》所以作也。附会者，总命意修辞为一贯，而兼草创讨论修饰

润色之功绩者也。”　②“杂”是指艺术作品的部分而言，“不越”是指不超出艺术作品的整体一致性而言。“杂而不越”的意思就是说艺术作品的各部分必须适应一定目的而配合一致。（从王元化说）　③《太平御览》引“量”作“童”，极是。《体性篇》：“故童子雕琢，必先雅制。”语意与此相同。（从杨明照说）　④品藻：品评，鉴定。　⑤发布佳文之义。⑥替：去也。　⑦贞：正。　⑧此善会之谓。　⑨此善附之谓。　⑩此谓辞义之宜见于文者。　⑪此谓辞义之不必见于文者。　⑫《吕氏春秋·处方篇》：“今夫射者仪毫而失墙，画者仪发而易貌，言审本也。”易：轻也，轻易也。谨发易貌：即重小轻大之意。（从杨明照说）　⑬上句见《太平御览》卷八三〇《尸子》，下句见《孟子·滕文公下》。　⑭自大体文章至此，谓谋篇之始，宜规画大体，明立骨干。骨干既立，然后整理枝派，殊途同归；不然，徒知锐精细巧，务其一偏，体干必有倒置棼乱之失。（从范文澜说）　⑮《左传》哀公十四年：“需：事之贼也。”需，疑也。谓率尔操觚，事不细思，固多尤悔，若意见浮杂，迟疑寡断，亦害于文。　⑯尺接寸附：由于体统之疏，苟能总挈纲领，首末合序，即无此失。⑰凑理：即腠理。见《养气》。　⑱豆之合黄：未详；《御览》引此，作“石之合玉”。　⑲《太平御览》引无此二句。杨明照按：“寻绎文意，此二句实不可少。”　⑳此上皆为行文时言。　㉑张汤为廷尉，有疑奏，再见却，掾史莫知所为，倪宽为奏，即时得可。见《汉书·兒宽传》。司马景王令中书令虞松作表，再呈皆不当意，钟会为改定五字，呈王，王曰：“不当尔耶！”见《三国志·魏志·钟会传》注。　㉒写送：六朝常语。（从杨明照改）　㉓《易·夬卦》语。次且：与“趑趄”同，行不进貌。

赞曰：篇统间关①，情数稠叠②。原始要终③，疏条布叶。道味相附，悬绪④自接。如乐之和，心声克协。

---

①间关：犹言崎岖展转。此处谓滞塞。　②情数：情与数也。数与体对，体为修辞原则，数为用此原则的方法。稠叠：繁杂，多变。　③原始要终：从头到尾。　④悬绪：分散之次第。

总　术[①]

今之常言，有“文”有“笔”，以为无韵者“笔”也，有韵者“文”也。夫文以足言，理兼《诗》《书》，别目两名，自近代耳。颜延年以为，笔之为体，言之文也；经典则言而非笔，传记则笔而非言[②]。请夺彼矛，还攻其盾矣。何者？《易》之《文言》，岂非言文？若笔（不）[果]言文，不得云经典非笔矣。将以立论，未见其论立也。予以为：发口为言，属（笔）[翰]曰（翰）[笔]，常道曰经，述经曰传。经传之体，出言入笔。笔为言使，可强可弱[③]。（分）[六]经以典奥为不刊，非以言笔为优劣也[④]。昔陆氏《文赋》，号为曲尽，然泛论纤悉，而实体未该。故知九变之贯匪穷，知言之选难备矣[⑤]。

---

①此篇总结《神思》至《附会》各篇所论的创作问题，意在提纲挈领，指陈枢要。黄侃《文心雕龙札记》云：“自篇首至知言之选句，乃言文体众多。自此以下，则明文体虽多，皆宜研术，即以证圆鉴区域大判条例之不可轻。”刘永济《文心雕龙校释》云：“此篇分三段。首段辨证俗说，次段论文术之重要，末段申论本篇之所由作。”又云：“舍人论文，每以文与心对举，

而侧重在心。本篇所谓总者，即以心术总摄文术而言也。夫心识洞理者，取舍从违，咸皆得当，是为通才之鉴；理具于心者，义味辞气，悉入机巧，是为善弈之文。然则文体虽众，文术虽广，一理足以贯通，故曰‘乘一总万，举要治繁’也。”刘氏用“以心术总摄文术”来解释“总”字的意义，似有过度诠释之嫌。本篇旨在强调“为文必先练术”。　②颜语未审所出。　③强弱：犹言质文。　④黄侃云：“予以为以下数语，言属笔皆称为笔，而经传又笔中之细名，同出于言，同入于笔，经传之优劣在理，不以言笔为优劣也。”　⑤《汉书》武帝纪元朔元年诏：“九变复贯，知言之选。”此为逸诗。九：表数之多；九变：谓变革之多。贯：事。知言之选句，讥陆氏非其选。

凡精虑造文，各竞新丽，多欲练辞，莫肯研术①。落落之玉，或乱乎石；碌碌之石②，时似乎玉。精者要约，匮者亦尠③；博者该赡，芜者亦繁④；辩者昭晳，浅者亦露；奥者复隐，诡者亦（典）[曲]。或义华而声悴⑤，或理拙而文泽。知夫调钟未易⑥，张琴实难。伶人告和，不必尽窕㮭之中⑦；动（用）[角]挥（扇）[羽]，何必穷初终之韵⑧？魏文比篇章于音乐，盖有征矣⑨。夫不截盘根，无以验利器；不剖文奥⑩，无以辨通才。才之能通，必资晓术，自非圆鉴区域，大判条例⑪，岂能控引情源，制胜文苑哉？是以执术驭篇，似善弈之穷数；弃术任心，如博塞之邀遇⑫。故博塞之文，借巧傥来，虽前驱有功，而后援难继。少既无以相接，多亦不知所删，乃多少之并惑，何妍蚩之能制乎？若夫善弈之文，则术有恒数；按部整伍，以待情会；因时顺机，动不失正。数逢其极，机入其巧，则义味腾跃而生，辞气丛杂而至。视之则锦绘，听之则丝簧，味之则甘腴，佩之则芬芳⑬。断章之功，于斯盛矣。

---

①练辞：即修辞，指在词句的选择上下功夫；研术：钻研写作的方法和技巧。　②玉貌碌碌，为人所贵；石形落落，为人所贱。碌碌：美好貌。落落：粗劣貌。此句言劣玉或乱于石，美石神似于玉。杨明照疑此处“玉”“石”二字淆次，未免以不误为误。　③匮：缺乏，竭尽。尠：很少。　④芜：杂乱。⑤悴：弱不振。　⑥调钟：见《声律》注。　⑦《左传》昭公二十一年：“小者不窕，大者不槬，则和于物，物和则嘉成。”窕：细也，窕细不满。槬（huà）：声音洪大。　⑧初终：犹始终。　⑨曹丕《典论论文》：“文以气为主，气之清浊有体，不可力强而致；譬之音乐，曲度虽均，节奏同检，至于引气不齐，巧拙有素，虽在父兄，不能移其子弟。”　⑩奥：深邃之处。　⑪圆鉴区域：谓审定体势，如上篇《附会》所论是。大判条例：谓举要治繁，如下篇《时序》所论是。⑫行棋相塞曰“博塞”。　⑬锦绘：辞采。丝簧：宫商。甘腴：事义。芬芳：情志。

夫骥足虽骏，纆牵忌长，以万分一累，且废千里①。况文体多术，共相弥纶[2]，一物携贰，莫不解体。所以列在一篇，备总情变；譬三十之辐，共成一毂，虽未足观，亦鄙夫之见也。

---

①王良之弟子，驾云取千里马，遇造父之弟子，造父之弟子谓其纆牵长，不能千里。故纆牵于事，万分之一也，而难千里之行。见《战国策·韩策》。纆：绳索。　②弥纶：见《附会》。情志、事义为文之精神，辞采、宫商为文之声貌，此四要素，皆有一定之途轨，《神思》以下，论之甚详。故曰文体多术，共相弥纶，不可缺一。

赞曰：文场笔苑[1]，有术有门。务先大体[2]，鉴必穷源。乘一总万[3]，举要治繁[4]。思无定契，理有恒存[5]。

---

①文场笔苑：犹云文笔场苑。场苑：领域也。　②大体：指修辞法则。　③乘一总万：即“以一持万”。　④举要治繁：即以简驭繁。　⑤思无定契：即谓文有定格矣。理有恒存：即谓文可妄为矣。术为大体，务先研之。

时　序①

时运交移，质文代变，古今情理，如可言乎！昔在陶唐，德盛化钧，野老吐“何力”之谈②，郊童含“不识”之歌③。有虞继作，政阜民暇④，薰风诗于元后⑤，“烂云”歌于列臣⑥，尽其美者何？乃心乐而声泰也。至大禹敷土，九序咏功⑦，成汤圣敬，“猗欤”作颂⑧。逮姬文之德盛，《周南》勤而不怨⑨；大王之化淳，《邠风》乐而不淫⑩。幽、厉昏而《板》《荡》怒⑪；平王微而《黍离》哀⑫。故知歌谣文理，与世推移，风动于上，而波震于下者也。

---

①本篇分析了自唐虞至晋代文学发展的简况，提出了“蔚映十代，辞采九变”的看法，并得出了“文变染乎世情，兴废系乎时序”的结论。刘永济解释“辞采九变”之后说：“宋、齐世近，作者尚多生存，又皆显贵，舍人有而不论，非但是非难定，且亦有所避忌也。故列代虽十，而衡论文变，止及晋世。观其所论，固已纲举目张，不可不谓之闳通之士矣。”张光年批评刘勰没有看到社会经济的决定因素，但肯定他看到政治变化的决定因素。　②尧时百姓无事，有五十之民，击壤于途，观者曰：“大哉尧之德也！”击壤者曰：“吾日出而作，日入而息，凿井

而饮，耕田而食，尧何力于我也！”见《论衡·感虚篇》。《帝王世纪》《击壤歌》，盖据此附会而成。 ③尧微服游康衢，闻儿童歌曰：“立我蒸民，莫匪尔极，不识不知，顺帝之则。”见《列子·仲尼篇》。 ④阜：盛大。 ⑤舜作《南风歌》曰：“南风之时兮，可以阜吾民之财兮；南风之薰兮，可以解吾民之愠兮。”见《孔子家语·辩乐解》。 ⑥舜时，俊乂百工相和而歌卿云，帝乃倡之曰：“卿云烂兮，糺缦缦兮，日月光华，旦复旦兮。”八伯咸进曰：“明明上天，烂然星陈，日月光华，弘于一人。” ⑦敷：布也。 ⑧《诗·商颂·长发》：“汤降不迟，圣敬日跻。”言汤下士尊贤甚疾，圣敬之德日进。《商颂·那》：“猗与那与！”猗，叹辞。那，多也。⑨《诗·周南·汝坟序》：“《汝坟》，道化行也。文王之化，行乎汝坟之国，妇人能闵其君子，犹勉之以正也。” ⑩《诗·豳风·东山》：“乐男女得及其时。”邠，同豳。 ⑪《诗·大雅·板》，为凡伯刺厉王之诗。《大雅·荡》，召穆公因厉王无道，周室大坏而作。二者皆厉王时诗，文言幽，连类及之。⑫《诗·王风·黍离》，周大夫行役，过故宗庙宫室，盖为禾黍，彷徨不忍去而作。

春秋以后，角战英雄①，六经泥蟠②，百家飚骇③。方是时也，韩魏力政④，燕赵任权；《五蠹》六虱，严于秦令⑤。唯齐、楚两国，颇有文学；齐开庄衢之第⑥，楚广兰台之宫⑦。孟轲宾馆⑧，荀卿宰邑⑨。故稷下扇其清风⑩，兰陵郁其茂俗⑪；邹子以谈天飞誉，驺奭以雕龙驰响⑫；屈平联藻于日月⑬，宋玉交彩于风云⑭；观其艳说，则笼罩雅颂。故知暐烨⑮之奇意，出乎纵横之诡俗也。

---

①角：竞。　②泥蟠：蟠屈于泥涂。班固文：“故夫泥蟠而天飞者，应龙之神也。”　③飚：暴风。喻百家之说盛起。④政：同“征”。　⑤言谈者，带剑者，患御者，商工之民，此五者为邦之蠹。《韩非子》有《五蠹》篇。农、商、官三者，为国之常食官。三官者生，虱官者六，曰岁，曰食，曰美，曰好，曰志，曰行。六者有朴必削。见《商子·去强篇》。⑥齐自淳于髡以下，皆命曰列大夫，为开第康庄之衢，高门大屋，尊宠之，以示天下诸侯宾客，言齐能致天下贤士。见《史记·孟子荀卿传》。　⑦兰台：地名，在今湖北钟祥东。　⑧孟子虽仕齐，交宾师之位，以道见敬，齐王尝欲就其馆而见之。⑨荀卿在齐，被谗，乃适楚，楚春申君以为兰陵令。　⑩稷：齐之城门，或曰山名。齐自邹衍与稷下先生，如淳于髡、慎到、环渊、接子、田骈、驺奭之徒，各著书言治乱之事。谓此等学士皆集稷门之下也。　⑪兰陵：故城在今山东枣庄峄城区。兰陵人以荀卿曾为令故，多善为学。　⑫驺衍之术迂大而闳辩，奭也文具难施，故齐人颂曰：“谈天衍，雕龙奭。”见《史记·孟子荀卿传》。　⑬《史记·屈原传》：“推此志也，虽与日月争光可也。”　⑭宋玉有《风赋》《高唐赋》。　⑮暐烨：亦作“暐晔”，光彩夺目貌。

爰至有汉，运接燔书，高祖尚武，戏儒简学。虽礼律草创[1]，《诗》《书》未遑，然《大风》《鸿鹄》之歌，亦天纵之英作也[2]。施及孝惠[3]，迄于文、景，经术颇兴[4]，而辞人勿用；贾谊抑而邹枚沉，亦可知已[5]。逮孝武崇儒，润色鸿业，礼乐争辉，辞藻竞骛[6]；柏梁展朝宴之诗[7]，金堤制恤民之咏[8]；征枚乘以蒲轮[9]，申主父以鼎食[10]；擢公孙之对策[11]，叹兒宽之拟奏[12]；买臣负薪而衣锦[13]，相如涤器而被绣[14]。于是史迁、寿王之徒，严终、枚皋之属，应对固无方，篇章亦不匮[15]，遗风余采，莫与比盛。越昭及宣，实继武绩；驰骋石渠，暇豫文会[16]；集雕篆之轶材，发绮縠之高喻[17]。于是王褒之伦，底禄待诏[18]。自元暨成，降意图籍[19]，美玉屑之谭[20]，清金马之路[21]，子云锐思于千首[22]，子政雠校于六艺[23]，亦已美矣。爰自汉室，迄至成、哀，虽世渐百龄，辞人九变[24]，而大抵所归，祖述《楚辞》，灵均余影[25]，于是乎在。

---

①汉初，命叔孙通制礼乐，以正君臣之位；萧何摭拾秦德，取其宜于时者，作律九章。　②汉高祖《大风歌》见《史记·高祖本纪》，其辞曰："大风起兮云飞扬，威加海内兮归故乡，安得猛士兮守四方。"汉高祖欲废太子，立戚夫人之子如意。东园公、甪里先生、绮里季、夏黄公四隐士从太子，汉高祖见子，谓戚夫人曰："彼四人辅之，羽翼已成，难动矣！"戚夫人泣。汉高祖乃作楚歌曰："鸿鹄高飞，一举千里，羽翮已就，横绝四海。横绝四海，当可奈何！虽有矰缴，尚安所施？"见《史记·留侯世家》。　③施：延续。　④汉文帝时，《论语》《孝

经》《孟子》《尔雅》皆置博士，又立韩生《诗》及申生《诗》。汉景帝又置齐辕固生《诗》及《春秋》胡母生、董仲舒《公羊》博士，故曰经术颇兴。 ⑤汉文帝议以贾谊任公卿之位，绛灌之属尽毁之，帝乃疏而不用，以为长沙王太傅。邹：邹阳。邹阳游梁，为梁孝王客，被谗，下狱，邹阳自狱中上书，孝王乃出之。枚：枚乘。枚乘久为大国上宾，与莫缓并游，不乐为吏。 ⑥汉武帝初立，表章《六经》，兴太学，号令文章，焕焉可述。令严助等与大臣辩论，中外相应以义理之文，大臣数绌。 ⑦汉武帝作柏梁台，诏群臣二千石有能为七言诗者，乃得上坐，人各一句，句皆用韵。后仿其体者曰“柏梁体”。 ⑧汉武帝发卒数万，塞瓠子决河，自临视，悼功之不成，乃作歌，中有“皇谓河公兮何不仁，泛滥不止兮愁吾人”之句。《汉书·王尊传》：“河水盛溢泛，漫瓠子金堤。” ⑨汉武帝自为太子，闻枚乘名，及即位，乃以安车蒲轮征之，道卒。蒲轮：以蒲裹轮，取其安也。 ⑩主父：主父偃。偃在朝，大臣畏其口，赂遗累千金，或谓太横，偃曰：“丈夫生不五鼎食，死则五鼎烹耳！”见《史记》主父偃传。 ⑪公孙弘对策，先被抑，武帝擢为第一。 ⑫倪宽为张汤拟奏，见《附会》注。 ⑬朱买臣微时，家贫，卖薪自给，后拜会稽太守。武帝谓曰：“富贵不归故乡，如衣锦夜行，今子何如？”见《史记·朱买臣传》。买臣，会稽人。 ⑭司马相如与卓文君置酒舍，文君当垆，相如着犊鼻裈，与庸保杂作涤器市中。后为中郎将，至蜀，太守以下郊迎，县令负弩矢先驱，蜀人以为宠。见《汉书·司马相如传》。 ⑮史迁：即司马迁。迁以言李陵降匈奴事，下腐刑，因著《史记》。寿王：吾邱寿王。寿王以善格五召待诏，然通《春秋》，后为光禄大夫侍中。严：严安。安以故丞相史上书，被召见，拜郎中。终：终军。军辨博能属文，上书言事，拜谒者给事中。枚皋谈笑类俳倡，为赋颂，好嫚戏，以故得媟黩贵幸。⑯汉宣帝时，修武帝故事，讲论六艺群书，始立大小夏侯《尚书》，大小戴《礼》，施、孟、梁丘《易》，穀梁《春秋》，论《六经》于石渠阁。　⑰或问扬雄少好赋。雄曰："然。童子雕虫篆刻。"俄而曰："壮夫不为也。"或曰："雾縠之组丽。"曰："女工之蠹矣。"见《法言》。　⑱汉宣帝博尽奇异之好，征能为《楚辞》之九江被公，益召高材刘向、张子侨、华龙等待诏金马门，褒亦与焉。底禄：犹致禄。　⑲汉元帝好儒，善史书。汉成帝好经书。　⑳玉屑：喻美文。　㉑金马：即金马门，汉学士待诏处。　㉒桓谭好文，见扬雄善为赋，欲从之学，扬雄曰："能读千首赋，则善为之矣。"见桓谭《新论》。　㉓汉成帝求遗书于天下，诏刘向等校之。　㉔九变：言其变革之多。　㉕灵均：屈原字。

自哀、平陵替，光武中兴，深怀图讖，颇略文华。然杜笃献诔以免刑①，班彪参奏以补令②，虽非旁求，亦不遐弃。及明（帝）[章]叠耀，崇爱儒术，肄礼璧堂③，讲文虎观④，孟坚珥笔于国史⑤，贾逵给札于瑞颂⑥，东平擅其懿文⑦，沛王振其通论⑧，帝则藩仪，辉光相照矣。自（安和）[和安]以下，迄至顺、桓，则有班、傅、三崔、王、马、张、蔡，磊落鸿儒，才不时乏⑨，而文章之选，存而不论。然中兴之后，群才稍改前辙，华实所附，斟酌经辞；盖历政讲聚，故渐靡儒风者也。降及灵帝，时好辞制，造（羲皇）[皇羲]之书，开鸿都之赋，而乐松之徒，招集浅陋，故杨赐号为驩兜，蔡邕比之俳优⑩，其余风遗文，盖蔑如也。

---

①大司马吴汉卒，光武诏诸儒诔之，杜笃时系狱，文称最，特赐帛免刑。　②班彪为窦融画策事汉，光武问融："所上章奏，谁与参之？"融以彪对，召拜徐令。　③汉明帝时，明堂灵台辟雍初成，帝辄引诸弟子升堂执经，自为下说。　④汉章帝诏诸生诸儒讲议五经同异于白虎观，亲临制决。　⑤班固探纂前记，缀辑所闻，以述《汉书》。古史官常插笔冠侧，以备记事，故曰珥笔。　⑥汉明帝永平时，有神雀集止，贾逵以为胡降之征，帝令兰台给笔札，使作《神雀颂》。　⑦东平王苍以为天下化平，宜修礼乐，乃与公卿共议定南北郊冠冕车服制度，及光武庙登歌八佾舞数。　⑧沛王辅善说《京氏易》《孝经》《论语传》及图谶，作《五经论》，时号曰《沛王通论》。⑨班：班固。傅：傅毅。三崔：崔骃及其子崔瑗、其孙崔实。王：王充。马：马融。张：张衡。蔡：蔡邕。　⑩汉灵帝刘宏好学，自造《皇羲篇》五十章，因引诸生能为文赋者，本以经学相招，后乃诸为尺牍及工书鸟篆者皆加引召。侍中祭酒乐松、贾护多引无行之徒，待制鸿都门下。蔡邕上封事，斥其有类俳优。杨赐上书言鸿都门下招集群小，以虫篆小技见宠，如驩兜、共

工，更相荐说。驩兜、共工，皆列古四凶中。

自献帝播迁，文学蓬转①。建安之末，区宇方辑。魏武以相王之尊，雅爱诗章；文帝以副君之重，妙善辞赋；陈思以公子之豪，下笔琳琅；并体貌英逸②，故俊才云蒸。仲宣委质于汉南③，孔璋归命于河北④；伟长从宦于青土⑤，公干徇质于海隅⑥；德琏综其斐然之思⑦，元瑜展其翩翩之乐⑧；文蔚、休伯之俦⑨，子（叔）[淑]、德祖之侣⑩；傲雅觞豆之前，雍容衽席之上；洒笔以成酣歌，和墨以藉谈笑。观其时文，雅好慷慨，良由世积乱离，风衰俗怨，并志深而笔长，故梗概而多气也⑪。至明帝纂戎⑫，制诗度曲，征篇章之士，置崇文之观⑬，何、刘群才，迭相照耀⑭。少主相仍，唯高贵英雅，顾（盼）[眄]（合）[含]章，动言成论⑮。于时正始余风，篇体轻澹⑯，而嵇、阮、应、缪，并驰文路矣⑰。

---

①播迁：流离，迁徙。汉献帝刘协为董卓劫迁长安，曹操又迁之于许昌。文学蓬转：犹言文学之士流离失所。　②体貌：加礼容而敬之。　③王粲，字仲宣，先之荆州依刘表，后归曹操。
④陈琳，字孔璋，避难冀州，袁绍使典文章，袁败，归曹操。
⑤北海徐干，字伟长，为司空军谋祭酒掾属，五官将文学。
⑥公干，刘桢。陈思与杨修书：“公干振藻于海隅。”
⑦曹丕与吴质书：“德琏常斐然有述作意。”德琏，应玚字。
⑧元瑜，阮瑀字。曹丕与吴质书：“元瑜书记翩翩，足致乐

也。” ⑨文蔚，路粹字。休伯，繁钦字。 ⑩子淑，邯郸淳字。黄初中为博士给事中，旧作“子俶”，“俶”亦“淑”误。（从刘永济说）德祖，杨修字。 ⑪梗概：与“慷慨”同声通用。 ⑫纂戎：即“缵戎”，与下云“纂业”义同，皆继业之谓。 ⑬魏明帝置崇文观，征善文者充之。 ⑭何：何晏。何晏以才秀知名，作《道德论》及诸文章凡数十篇。刘：刘劭。刘劭作《赵都赋》，明帝称美。劭所撰述《人物志》之类百余篇。 ⑮魏高贵乡公才慧，好问尚辞；常与诸臣宴会赋诗，故云顾眄含章。又论帝王优劣，幸太学，问诸儒经义，故云动言成论。 ⑯正始：废帝齐王曹芳年号，其时竞尚清谈，如何晏、王弼等所作皆务玄理，称为正始体。 ⑰嵇：嵇康。阮：阮籍。应：应璩。缪：缪袭，皆以文才见称于时者。

逮晋宣始基，景、文克构；并迹沉儒雅，而务深方术①。至武帝惟新，承平受命，而胶序篇章，弗简皇虑。降及怀、愍，缀旒而已②。然晋虽不文，人才实盛：茂先摇笔而散珠③，太冲动墨而横锦④，岳、湛曜联璧之华⑤，机、云标二俊之采⑥，应、傅、三张之徒⑦，孙、挚、成公之属⑧，并结藻清英，流韵绮靡，前史以为运涉季世，人未尽才，诚哉斯谈，可为叹息。

---

①晋宣帝司马懿，景帝司马师，文帝司马昭，皆志在篡窃，不暇文事。克构：谓能完成前辈事业。 ②晋怀帝、晋愍帝，

皆为匈奴族刘曜所执归杀害。缀旒：比喻君主为臣下所挟持，大权旁落。 ③茂先：张华字。 ④太冲：左思字。 ⑤岳：潘岳。湛：夏侯湛。二人皆有盛才，互相友善，京都谓之连璧。⑥陆机与陆云，俱自吴入洛，造访张华，华甚重之，曰："伐吴之役，利获二俊。" ⑦应：应璩子应贞。傅：傅玄。三张，张载及弟张协、张亢。 ⑧孙：孙楚。挚：挚虞。成公：成公绥。

元皇中兴，披文建学①；刘刁礼吏而宠荣②，景纯文敏而优擢③。逮明帝秉哲，雅好文会，升储御极，孳孳讲艺；练情于诰策，振采于辞赋④；庾以笔才逾亲⑤，温以文思益厚⑥；揄扬风流⑦，亦彼时之汉武也。及成、康促龄，穆、哀短祚⑧，简文勃兴，渊乎清峻，微言精理，（函）[亟]满玄席，澹思（浓）[醲]采，时洒文囿⑨。至孝武不嗣，安恭已矣⑩。其文史则有袁、殷之曹⑪，孙、干之辈⑫，虽才或浅深，珪璋足用。自中朝贵玄，江左（称）[弥]盛，因谈余气，流成文体⑬。是以世极迍邅，而辞意夷泰，诗必柱下之旨归⑭，赋乃漆园之义疏⑮。故知文变染乎世情，兴废系乎时序，原始以要终，虽百世可知也。

---

①元帝令远方秀才孝廉到者皆试经。 ②刘隗少有文翰，雅习文史，元帝深器重之，迁丞相司直。刁协少好经籍，博闻强记，帝拜为尚书左仆射。二人皆刚正不阿。礼吏：秉礼法之吏。

③郭璞博学高才，词赋为中兴之冠，晋元帝见其《南郊赋》，嘉之，以为著作佐郎。　④晋明帝为晋元帝长子，钦贤爱客，雅好文辞，征任旭、虞喜为博士，是孳孳讲艺也。手诏以温峤为中书令，是练情于诰策也。曾作《蝉赋》，是振采于辞赋也。⑤庾亮为明穆皇后兄，其让中书表，为时所称，见《章表》。明帝以为中书监。逾亲：益亲。　⑥温峤博学能文，明帝即位，拜侍中，诏令文翰悉与焉。　⑦揄扬：称引，赞扬。　⑧成帝在位十七年，康帝在位二年，穆帝（344—361年在位）七年，哀帝三年。　⑨简文帝清静寡欲，尤善玄言，少时即留心典籍。　⑩孝武，简文第三子，晋祚至此始移。安帝，武帝长子。恭帝，安帝弟，在位二年，禅于宋。　⑪袁宏文章绝美。殷仲文有才藻，善属文。　⑫孙盛笃学不倦，著《晋阳秋》，词直理正，称为良史。干宝博览书记，撰《搜神记》，又为《春秋左氏义外传》，注《周易》《周官》。　⑬自魏正始中，王弼、何晏好庄老玄胜之谈，世遂以此为贵；晋代过江，佛理尤盛，而诗骚之体乃尽。　⑭老子，周代为柱下史。　⑮庄子，蒙人，尝为蒙漆园吏。

自宋武爱文①，文帝彬雅②，秉文之德，孝武多才，英采云构③。自明帝以下，文理替矣④。尔其缙绅之林⑤，霞蔚而飚起：王、袁联宗以龙章⑥，颜、谢重叶以凤采⑦，何、范、张、沈之徒⑧，亦不可胜也。盖闻之于世，故略举大较。

①南朝宋武帝刘裕好文章，天下以文采相尚。 ②宋文帝刘义隆好儒雅，立史学、玄学、文学，江左风俗称美。 ③宋孝武帝刘骏神明爽发，读书十行俱下，才藻甚美。 ④宋明帝刘彧好读书，爱文义，未即位时，多著述，即位后，才学士多见引进。明帝后，历后废帝刘昱、顺帝刘准而宋亡。 ⑤缙绅：插笏板于绅带间，旧时官宦的装束。亦借指士大夫。 ⑥王：王诞、王僧达、王微、王韶之、王淮之、王昙生、王素等。袁：袁淑、袁觊、袁粲、袁炳等。二姓多文士，故曰联宗。 ⑦颜：颜延之及子颜竣、颜测等。谢：谢灵运及从弟惠连等。叶：世也。 ⑧何：何长瑜、何承天。范：范晔。张：张劭。沈：沈怀文。

暨皇齐驭宝，运集休明：太祖以圣武膺箓①，（高）[世]祖以睿文纂业②，文帝以贰离含章③，（中）[高]宗以上哲兴运④，并文明自天，缉（遐）[熙]景祚⑤。今圣历方兴⑥，文思光被，海岳降神，才英秀发。驭飞龙于天衢，驾骐骥于万里；经典礼章，跨周轹⑦汉，唐虞之文，其鼎盛乎⑧！鸿风懿采，短笔敢陈；飏言赞时，请寄明哲。

①齐太祖萧道成，博学善属文，受宋禅为帝。箓：图箓，天神所与之册命，君主有天下曰膺图受箓。 ②世祖：太祖长子。 ③文帝：世祖长子，未即位而殁，谥文惠太子，后追尊为文帝。《易·离卦·大象》：“明两作离，大人以继明照于四

方。”　④高宗：明帝萧鸾号高宗。　⑤缉熙：光明。景祚：帝业。　⑥圣历：指齐和帝时。　⑦轹（lì）：超越。⑧鼎盛：方盛。

赞曰：蔚映十代①，辞采九变②。枢中所动，环流③无倦。质文沿时④，崇替在选⑤。终古虽远，旷焉如面⑥。

---

①蔚映：茂盛。十代：指唐、虞、夏、商、周、汉、魏、两晋、宋、齐十个朝代。　②九变：多变。九非实数，言多也。③环流：圆转而动。　④沿时：随时变化。　⑤崇替：兴废。选：鉴别。　⑥终古：犹永古，历史悠久。旷：明也。旷焉，与“皎然”相近，清晰貌，分明貌。

物　色[①]

春秋代序，阴阳惨舒，物色之动，心亦摇焉。盖阳气萌而玄驹步，阴律凝而丹鸟羞[②]，微虫犹或入感，四时之动物深矣。若夫珪璋挺其惠心[③]，英华秀其清气，物色相召，人谁获安[④]？是以献岁发春，悦豫之情畅[⑤]；滔滔孟夏，郁陶之心凝[⑥]；天高气清，阴沉之志远；霰雪无垠，矜肃之虑深[⑦]。岁有其物，物有其容；情以物迁，辞以情发。一叶且或迎意[⑧]，虫声有足引心，况清风与明月同夜，白日与春林共朝哉！

---

①物色：四时所表现之自然景物的声色。刘永济云："此篇宜在《练字》后，皆论修辞之事也。今本乃浅人改编，盖误认《时序》为时令，故以《物色》相次。本篇中论《神思》篇第二段，论心境交融之理。"范文澜谓本篇在《附会》之下，《总术》之上。盖物色犹言声色，即《声律》下诸篇之总名，与《附会》相对而统于《总术》云。　②《大戴礼·夏小正》："十有二月玄驹贲，玄驹也者，蚁也。贲者何也？走于地中也。八月，丹鸟羞白鸟。丹鸟者，谓丹良也。白鸟者，谓蚊蚋也。羞也者，进也，不尽食也。"丹鸟：萤火。晋崔豹《古今注·鱼虫》："萤

火，一名丹良，一名丹鸟。”　③惠：与“慧”通。　④《诗品序》：“气之动物，物之感人，故摇荡性情，形诸舞咏。”　⑤献岁发春：见《招魂》乱辞。献：进也。言岁始来进，春气奋扬，万物皆感之而生。　⑥滔滔：盛阳貌。　⑦矜肃：犹严肃。　⑧《淮南子·说山训》：“见一叶落而知岁之将暮。”

是以诗人感物，联类不穷；流连万象之际，沉吟视听之区，写气图貌，既随物以宛转；属采附声，亦与心而徘徊[1]。故“灼灼”状桃花之鲜，“依依”尽杨柳之貌[2]，“杲杲”为出日之容[3]，“瀌瀌”拟雨雪之状[4]，“喈喈”逐黄鸟之声[5]，“喓喓”学草虫之韵[6]，“皎日”“嘒星”，一言穷理[7]，“参差”“沃若”两字（穷）[连]形[8]。并以少总多，情貌无遗矣。虽复思经千载，将何易夺[9]？及《离骚》代兴，触类而长，物貌难尽，故重沓舒状，于是“嵯峨”之类聚，“葳蕤”之群积矣。及长卿之徒，诡势瑰声[10]，模山范水，字必鱼贯[11]，所谓“诗人丽则而约言，辞人丽淫而繁句”也[12]。

---

①纪昀云：“随物宛转，与心徘徊八字，极尽流连之趣，会此，方无死句。”王元化《文心雕龙讲疏》云：“‘随物宛转’是以物为主，以心服从于物。‘与心徘徊’却是以心为主，用心去驾驭物。这种物我之间的对立，始终贯串在作家的创作活动里面，同时发挥各自的作用。仅仅以心为主，用心去驾驭物，就会

流于妄诞，违反真实。仅仅以物为主，以心屈服于物，就会陷入奴从、抄袭现象。作家的创作活动就在于把这两方面的矛盾统一起来，以物我对峙为起点，以物我交融为结束。”　②《诗·小雅·采薇》：“昔我往矣，杨柳依依。”依依：轻柔披拂貌。③《诗·卫风·伯兮》：“其雨其雨，杲杲日出。”杲杲：明亮貌。　④《诗·小雅·角弓》：“雨雪瀌瀌。”瀌瀌：雨雪盛貌。　⑤《诗·周南·葛覃》：“黄鸟于飞，集于灌木，其鸣喈喈。”喈喈：象声词，禽鸟鸣声。　⑥《诗·召南·草虫》：“喓喓草虫，趯趯阜螽。”喓喓：虫鸣声。　⑦《诗·王风·大车》：“谓予不信，有如皦日。”皎：即“皦”，白也。《诗·召南·小星》：“嘒彼小星，维参与昴。”嘒：光明微小而明亮。　⑧《诗·周南·关雎》：“参差荇菜，左右流之。”参差：不齐貌。《诗·卫风·氓》：“桑之未落，其叶沃若。”沃若：润泽貌。　⑨古人形状之词，心领神会，百思而不得改易。　⑩瑰：亦诡谲意。　⑪《上林赋》等，其状貌山川，皆连接数十百字，所谓鱼贯是也。　⑫《法言·吾子篇》：“诗人之赋丽以则，辞人之赋丽以淫。”

至如《雅》咏棠华，“或黄或白”①；《骚》述秋兰，“绿叶”“紫茎”②。凡摛表五色，贵在时见；若青黄屡出，则繁而不珍③。

---

①《诗·小雅·裳裳者华》：“裳裳者华，或黄或白。”裳裳：犹堂堂，鲜明美盛貌。　②《楚辞·九歌》：“秋兰兮青

青，绿叶兮紫茎。”　③此言五色之字，不可多见。

自近代以来，文贵形似，窥情风景之上，钻貌草木之中。吟咏所发，志惟深远；体物为妙，功在密附。故巧言切状，如印之印泥，不加雕削，而曲写毫芥。故能瞻言而见貌，（印）[即]字而知时也①。然物有恒姿，而思无定检，或率尔造极，或精思愈疏。且《诗》《骚》所标，并据要害；故后进锐笔，怯于争锋。莫不因方以借巧，即势以会奇；善于适要，则虽旧弥新矣。是以四序纷回，而入兴贵闲；物色虽繁，而析辞尚简②，使味飘飘而轻举，情晔晔而更新。古来辞人，异代接武，莫不参伍以相变，因革以为功，物色尽而情有余者，晓会通也。若乃山林皋壤，实文思之奥府，略语则阙，详说则繁。然屈平所以能洞监“风”“骚”之情者，抑亦江山之助乎③？

①宋初文咏，庄老势衰，山水方滋，情必极貌以写物，辞必穷力而追新。　②纪昀云：“四序纷回四语尤精。凡流传佳句，都是有意无意之中，偶然得一二语，都无累牍连篇苦心力造之事。”　③黄宗羲《景州诗集序》云：“诗人萃天地之清气，以月露风云花鸟为性情，其景与意，不可分也。”

赞曰：山沓水匝①，树杂云合。目既往还，心亦吐纳。春日迟迟②，秋风飒飒③。情往似赠，兴来如答④。

---

①沓：积聚。匝：环绕。　②迟迟：阳光温暖，光线充足貌。　③飒飒：秋风声。　④纪昀云："诸赞之中，此为第一。"王元化认为，"目既往还，心亦吐纳"、"情往似赠，兴来如答"，可以说是创作活动中物我交融、和谐默契的最高境界。

才　略①

九代②之文，富矣盛矣；其辞令华采，可略而详也。虞夏文章，则有皋陶六德③，夔序八音④，益则有赞⑤，五子作歌⑥，辞义温雅，万代之仪表也。商周之世，则仲虺垂诰⑦，伊尹敷训⑧，吉甫之徒，并述诗颂⑨：义固为经，文亦师矣。及乎春秋大夫，则修辞聘会，磊落如琅玕之圃⑩，焜燿似缛锦之肆。薳敖择楚国之令典⑪，随会讲晋国之礼法⑫，赵衰以文胜从飨⑬，国侨以修辞扞郑⑭，子太叔美秀而文，公孙挥善于辞令⑮：皆文名之标者也。

---

①纪昀云："《时序》总论其世，《才略》各论其人。上下百家，体大而思精，真文囿之巨观。"刘永济《文心雕龙校释》云："本篇与《时序篇》相辅。《时序》所论，属文学风尚之高下流变，论世之事也。本篇所重，在比较作品之长短，作家之同异，知人之事也。"又云："舍人比论文家长短异同之处，每具卓识，学者由之以考核前贤之文，亦学海之南针也。"　②九代：历代。　③《古文尚书·皋陶谟》："日严祗敬六德，亮采有邦。"六德：知、仁、圣、义、忠、和。　④《古文尚书·舜典》："八音克谐，无相夺伦。"八音：金、石、丝、竹、

匏、土、革、木。金钟，石磬，丝琴瑟，竹箫管，匏笙竽，土埙，革鼓，木柷圉。 ⑤《古文尚书·大禹谟》有益赞禹之辞。赞：佐也。 ⑥伪《古文尚书》有《五子之歌》。 ⑦阳归自夏，至于大坰，仲虺作诰，诰辞见《书》。 ⑧成汤既殁，太甲即位，伊尹作《伊训》，训辞载《书》。 ⑨《诗·大雅》之《崧高》《烝民》《韩奕》《江汉》，皆尹吉甫美宣王而作。 ⑩琅玕：石而似玉者。 ⑪晋随会曰："蒍敖为宰，择楚国之令典，百官象物而动，军政不戒而齐，能用典矣。"见《左传》宣公十二年。 ⑫晋随会平王室，王享之，归而讲求典礼，以修晋国之法。见《左传》宣公十六年。 ⑬秦穆公享公子重耳，舅犯请使赵衰从，言不如衰之文。见《左传》僖公二十三年。 ⑭郑弱，国侨秉政，以文辞与诸大国折冲，郑国以固。 ⑮子太叔美秀而文。公孙挥能知四国之为，而辨其大夫之族姓、班位、贵贱、能否，而尤善为辞令。见《左传》襄公三十一年。

战代任武，而文士不绝。诸子以道术取资，屈、宋以《楚辞》发采，乐毅报书辨以义①，范雎上疏密而至②，苏秦历说壮而中③，李斯自奏丽而动④。若在文世，则扬、班俦矣。荀况学宗，而象物名赋⑤，文质相称，固巨儒之情也。

---

①乐毅为燕昭王攻齐，下七十余城，惟三城未下，而昭王

死，惠王即位，用齐人反间，疑乐毅，毅奔赵，赵封为望诸君。燕王悔，使人让毅，且谢之，毅以书报。见《战国策·燕策》。②范雎上书秦昭王，见《战国策·秦策三一〇》。 ③苏秦游说燕赵，合纵拒秦，见《战国策》。 ④李斯谏逐客，见《文选》。 ⑤荀况有《云》《蚕》《箴》等赋。

汉室陆贾，首案奇采，赋《孟春》而选《典》《诰》，其辩之富矣①。贾谊才颖，陵轶飞兔，议惬而赋清，岂虚至哉②！枚乘之《七发》③，邹阳之上书④，膏润于笔，气形于言矣。仲舒专儒，子长纯史，而丽缛成文，亦诗人之告哀焉⑤。相如好书⑥，师范屈、宋，洞入夸艳，致名辞宗。然（覆）[覈]取精意⑦，理不胜辞，故扬子以为"文丽用寡者，长卿"，诚哉是言也⑧！王褒构采，以密巧为致⑨，附声测貌，泠然可观⑩。子云属意，辞（人）[义]最深，观其涯度幽远，搜选诡丽⑪，而竭才以钻思，故能理赡而辞坚矣。桓谭著论，富号猗顿⑫；宋弘称荐，爰比相如⑬。而《集灵》诸赋，偏浅无才⑭，故知长于讽论，不及丽文也。敬通雅好辞说，而坎壈盛世；《显志》自序，亦蚌病成珠矣⑮。二班、两刘，（弈）[奕]叶继采；旧说以为固文优彪，歆学精向⑯。然《王命》清辩，《新序》该练，璿璧产于昆冈，亦难得而逾本矣。傅毅、崔骃，光采比肩；瑗、实踵武，能世厥风者矣⑰。杜笃、贾逵，亦有声于文⑱，迹其为才，崔、傅之末流也。李尤赋铭，志慕鸿裁，而才力沉腿，垂翼不飞⑲。马融鸿儒，思洽（识）[登]高，吐纳经范，华实相扶[20]。王逸博识有功，而绚采无力[21]；延寿继志，瑰颖独标；其善图物写貌，岂枚乘之遗术欤[22]？张衡通赡，蔡邕精雅，文史彬彬[23]，隔世相望。是则竹柏异心而同贞，金玉殊质而皆宝也。刘向之奏议，旨切而调缓[24]；赵壹之辞赋，意繁而体疏[25]。孔融气盛于为笔，祢衡思锐于为文[26]，有偏美焉。潘勖凭经以骋才，故绝群于《锡命》[27]；王朗发愤以托志，亦致美于序铭[28]。然自卿渊已前[29]，多（俊）[役]才而不课学；雄、向以后，颇引书以助文：此取与之大际，其分不可乱者也。

---

①《汉书·艺文志》载陆贾有赋三篇，今无考。 ②贾谊年最少，当时才最高。飞兔：骏马名。 ③枚乘说七事以启发楚太子，故称《七发》。 ④邹阳上书，见《时序》注。 ⑤董仲舒有《士不遇赋》，司马迁有《感士不遇赋》。《诗·小雅·四月》："君子作歌，维以告哀。"告哀：诉说痛苦哀伤。 ⑥司马相如少时好读书。 ⑦覈：核。 ⑧《法言》："文丽用寡，长卿也。" ⑨骈丽之文，开端于王褒《圣主得贤臣颂》，故曰以密巧为致。 ⑩泠然：轻妙貌。见《庄子》。 ⑪扬雄多知奇字，亦所谓搜选诡丽也。搜选诡丽为辞深，涯度幽远为义深。 ⑫《论衡》："挟桓君山之书，富于积猗顿之财。"猗顿：春秋鲁人，因盐起家，大畜牛羊，十年间富拟王公。见《孔丛子·陈士义篇》。 ⑬光武问宋弘以通博之士，弘荐谭才学洽闻，几及扬雄刘向父子。文云比相如，恐误。

⑭谭赋序言少时为郎，从成帝出祠甘泉河东，居华阴集灵宫，宫在华山下，武帝所造，因乐高眇之志，书壁为小赋以颂美云。⑮冯衍得罪，乃作赋自厉，命其篇曰《显志》。坎壈：厄塞不得志。《淮南子》："明月之珠，蚌之病而我之利也。" ⑯《傅子》曰："向才学俗而志忠，歆才学通而行邪。" ⑰傅毅：博学能文，文雅显朝廷。崔骃：博学有伟才，尽通百家之言，善属文。骃子瑗，能尽傅父业。瑗子实，沉静好典籍，明政体，作《政论》。 ⑱杜笃列《后汉书·文苑传》，著赋诔等十八篇，又著《明世论》十五篇。贾逵著经传义诂及论难百余万言，后世称为通儒。 ⑲李尤在和帝时，为兰台令史，有《幽谷》等赋，《车》等铭。腿：脚肿。此处喻文辞臃滞。《易·明夷》："明夷于飞，垂其羽。" ⑳马融才高博洽，为世通儒，著赋颂碑诔等二十一篇。思洽登高：盖谓其善于辞赋也。（从杨明照说） ㉑王逸著《楚辞章句》，赋诔书论等二十一篇汉诗百二十三篇。绚：文饰。 ㉒逸子延寿，有俊才，少游鲁国，作《灵光殿赋》。 ㉓蔡邕在东观，与卢植韩说等撰补《后汉记》，遭乱不及得成。 ㉔刘向奏议，言多痛切，出于至诚。 ㉕赵壹《后汉书》列入文苑，传载其《穷鸟赋》，赋末系诗二首，体不致密。 ㉖祢衡作《鹦鹉赋》，文无加点，辞采甚丽，故言其思锐于为文。 ㉗潘勖作魏公《册魏公九锡文》。 ㉘《文心雕龙·铭箴篇》云："至于王朗杂箴，乃置巾履，得其戒慎，而失其所施。观其约文举要，宪章武铭，而水火井灶，繁辞不已，志有偏也。"可与"致美于序铭"合观。㉙卿：司马长卿。渊：王褒字子渊。

魏文之才，洋洋清绮。旧谈抑之，谓去植千里。然子建思捷而才俊，诗丽而表逸。子桓虑详而力缓，故不竞于先鸣，而乐府清越，《典论》辩要，迭用短长，亦无懵焉。但俗情抑扬，雷同一响，遂令文帝以位尊减才，思王以势窘益价，未为笃论也。仲宣溢才，捷而能密，文多兼善，辞少瑕累，摘其诗赋，则七子之冠冕乎？琳、瑀以符檄擅声，徐幹以辞论标美；刘桢情高以会采，应玚学优以得文。路粹、杨修，颇怀笔记之工；丁仪、邯郸，亦含论述之美①；有足算焉。刘劭《赵都》②，能攀于前修；何晏《景福》③，克光于后进。休琏风情，则《百壹》标其志④；吉甫文理，则《临丹》成其采⑤。嵇康师心以遣论⑥，阮籍使气以命诗⑦：殊声而合响，异翮而同飞。

---

①魏武与丁仪论议，嘉其才朗，邯郸淳博学有文章。 ②刘劭《赵都赋》，见《事类》注。 ③魏明帝于许昌作景福殿，何晏作赋。 ④应璩作《百壹诗》，取百虑一失之义。 ⑤吉甫：应贞之字。应贞有《临丹赋》。 ⑥嵇康在魏晋中，作论最多，有《养生论》《声无哀乐论》等。 ⑦阮籍志气弘放，任性不羁，作《咏怀》诗八十余首，为时所重。

张华短章，（弈弈）[奕奕]清畅，其《鷦鷯》寓意，即韩非之《说难》也①。左思奇才，业深覃思，尽锐于《三都》，拔萃于《咏史》，无遗力矣②。潘岳敏给，辞自和畅，钟美于《西征》，贾余于哀诔，非自外也③。陆机才欲窥深，辞务索广，故思能入巧而不制繁。士龙朗练，以识检乱，故能布采鲜净，敏于短篇。孙楚缀思，每直置以疏通④；挚虞述怀，必循规以温雅⑤，其品藻《流别》，有条理焉⑥。傅玄篇章，义多规镜⑦；长虞笔奏，世执刚中⑧：并桢干之实才，非群华之韡萼也。成公子安，选赋而时美⑨；夏侯孝若，具体而皆微⑩。曹摅清靡于长篇⑪，季鹰辨切于短韵⑫，各其善也。孟阳、景阳，才绮而相埒，可谓鲁卫之政，兄弟之文也⑬。刘琨雅壮而多风，卢谌情发而理昭，亦遇之于时势也⑭。景纯艳逸，足冠中兴，《郊赋》既穆穆以大观，《仙诗》亦飘飘而凌云矣⑮。庾元规之表奏，靡密以闲畅⑯；温太真之笔记，循理而清通⑰：亦笔端之良工也。孙盛、干宝，文胜为史，准的所拟，志乎典训：户牖虽异，而笔彩略同⑱。袁宏发轸以高骧，故卓出而多偏⑲；孙绰规旋以矩步，故伦序而寡状⑳。殷仲文之《孤兴》，谢叔源之《闲情》㉑，并解散辞体，缥缈浮音；虽滔滔风流，而大浇文意。

---

①张华少好文义，博览坟典，为太常博士，转兼中书郎，虽居高职，慨然有感，因作《鹪鹩赋》。鹪鹩：俗称巧妇鸟。

②左思作《三都赋》，构思十年乃成，作《咏史》八首。

③潘岳家在河南巩义东，为长安令，作赋故曰西征，因行役之

感，历论所经人物山水。岳长于哀诔。非自外：言其才非自外而至。　④孙楚才藻卓绝，遗孙晧书，指陈利害，深切著明，所谓直置。使者持书到吴，不敢为通。　⑤挚虞有《思游赋》，赋序言信天任命之不可违，延速祸之所由。循规温雅即指此赋言。　⑥挚虞撰《文章志》，又撰《流别集》，各为之论，当世重之。　⑦故其文“义多规镜”，规诫鉴诫。　⑧玄子咸，字长虞，刚简有大节，疾恶如仇，推贤乐善，好属文论，绮丽不足，自成规鉴。《易·蒙卦》：“以刚中也。”　⑨成公绥，字子安，少有俊才，词赋甚丽。　⑩夏侯湛，字孝若，文章巧思。《诗》之亡者，湛为补之。著有《昆弟诰》，模拟《尚书》。　⑪曹摅多四言长篇诗。　⑫张翰，字季鹰，文藻新丽。　⑬张载，字孟阳，弟协，字景阳，文名并盛。《论语》：“鲁卫之政兄弟也。”　⑭刘琨为段匹磾所拘，自知必死，神色怡如，为诗赠卢谌以激之，托意非常，抒写幽愤，谌其别笃也。卢谌清敏有思理，善属文，曾上表理刘琨。　⑮郭璞，字景纯，博学有高才，辞赋为中兴冠，尝为《南郊赋》及《游仙诗》，诗辞无俗累。　⑯庾亮表奏，见《时序》注。⑰温峤，字太真，见《时序》注。　⑱孙盛、干宝：见《时序》注。　⑲袁宏：见《时序》注。轸：合舆下三面之材，及车后横木言。骧：马昂首疾行。　⑳孙绰《游天台山赋》，多用佛老语，不甚状貌山水。　㉑殷仲文《孤兴》，谢混《闲情》，皆未详。

宋代逸才，辞翰鳞萃，世近易明，无劳甄序①。

①甄序：甄别序列之意。

观夫后汉才林，可参西京①；晋世文苑，足俪邺都②；然而魏时话言，必以元封为称首③；宋来美谈，亦以建安为口实④。何也？岂非崇文之盛世，招才之嘉会哉！嗟夫，此古人所以贵乎时也⑤！

①西京：前汉。　②邺都：魏。　③元封：汉武帝年号。　④建安：后汉献帝年号。　⑤《论衡·案书篇》："夫古今一也，才有高下，言有是非，不论善恶，而徒贵古，是谓古人贤今人也……才有浅深，而无古今，文有伪真，而无故新。"彦和意同此。

赞曰：才难然乎①，性各异禀。一朝综文②，千年凝锦。余采徘徊，遗风籍甚③。无曰④纷杂，皎然可品⑤。

①《论语·泰伯》："才难，不其然乎？"孔子泛论人才难得，此处指文才难得。　②综：总聚。综文：作文。　③籍甚：远播，盛行。　④无曰：不要以为。　⑤皎然：明白貌。可品：可以评论。

知　音①

知音其难哉！音实难知，知实难逢，逢其知音，千载其一乎！夫古来知音，多贱同而思古，所谓“日进前而不御，遥闻声而相思”也②。昔《储说》始出，《子虚》初成，秦皇、汉武，恨不同时；既同时矣，则韩囚而马轻，岂不明鉴同时之贱哉③！至于班固、傅毅，文在伯仲，而固嗤毅云：“下笔不能自休④。”及陈思论才，亦深排孔璋；敬礼请润色，叹以为美谈；季绪好诋诃，方之于田巴；意亦见矣⑤。故魏文称“文人相轻”，非虚谈也⑥。至如君卿唇舌⑦，而谬欲论文，乃称“史迁著书，咨东方朔”，于是桓谭之徒，相顾嗤笑。彼实博徒，轻言负诮；况乎文士，可妄谈哉！故鉴照洞明，而贵古贱今者，二主是也。才实鸿懿，而崇己抑人者，班、曹是也。学不逮文，而信伪迷真者，楼护是也。酱瓿之议，岂多叹哉！

---

①本篇是论述文学鉴赏批评的专篇。据刘永济分析，此篇分三段：首段明知音之难遇，次段论难知之故，末段论音本易知之理，而寄慨于深识难逢。（见《文心雕龙校释》）　②语见《鬼谷子·内揵篇》。　③韩非作《孤愤》《五蠹》《内外

储》《说难》等十余万言，秦王见之，言：得见其人，虽死不恨。因急攻韩，韩乃使非入秦。李斯等害之，下之狱，令自杀。司马相如作《子虚赋》，武帝读而善之，恨不得与之同时。狗监杨得意与相如同邑，因言相如为此赋。帝惊，召以为郎。　④固与弟超书有此语，《典论·论文》所引也。　⑤此皆曹植与杨修书中语。敬礼，丁廙字。丁廙为文，使曹植润色之。曹植辞不为。丁廙谓曹植曰："卿何所疑难？文之佳恶，吾自知之；后世谁相知，定吾文者邪？"曹植叹其言达，以为美谈。季绪，刘表子修字。杨修好诋诃文章，曹植以田巴比之。田巴，战国齐人，议于稷下，毁五帝，罪三王，一旦而服千人。鲁连一说，终身杜口。⑥《典论·论文》："文人相轻，自古而然。"　⑦汉楼护，字君卿，学轻，为王氏上客，时称"楼君卿唇舌"，言其见信用也。

夫麟凤与麏雉悬绝，珠玉与砾石超殊，白日垂其照①，青眸写其形；然鲁臣以麟为麏，楚人以雉为凤②，魏（氏）[民]以夜光为怪石③，宋客以燕砾为宝珠④。形器易征，谬乃若是；文情难鉴，谁曰易分！

---

①徐幹《中论·治学篇》："譬如宝在于玄室，有所求而不见。白日照焉，则群物斯辨矣。"　②楚有担山雉者，路人问何鸟也，欺之曰："凤凰也。"人买而献之楚王。见《尹文子·大道上》。　③魏田父得玉径尺，邻人绐为怪石。归置庑下，

明照一室，怪而弃之野。见《尹文子·大道下》。 ④宋之愚人得燕石，以为大宝。周客观之，掩口而笑曰：“此特燕石也，其与瓦甓不殊。”见《艺文类聚》卷六引《阚子》。

夫篇章杂沓，质文交加①，知多偏好，人莫圆该②。慷慨者逆声而击节，酝藉者见密而高蹈；浮慧③者观绮而跃心，爱奇者闻诡而惊听。会己则嗟讽④，异我则沮弃⑤，各执一隅之解，欲拟⑥万端之变，所谓“东向而望，不见西墙”也。

①质文交加：篇章有质有文，质为内部之情理，文为外在之辞采。两者缺一不可，故曰交加。 ②圆该：完备。 ③浮慧：智慧浮漂。 ④嗟讽：赞颂。 ⑤沮弃：鄙薄。 ⑥拟：评论。

凡操千曲而后晓声，观千剑而后识器；故圆照之象，务先博观。阅乔岳以形培塿①，酌沧波以喻畎浍②。无私于轻重，不偏于憎爱，然后能平理若衡，照辞如镜矣③。是以将阅文情，先标六观：一观位体，二观置辞，三观通变，四观奇正，五观事义，六观宫商④。斯术既形，则优劣见矣。

①培塿：小土丘。塿，音 lǒu。 ②畎：山谷通流处。浍：注沟曰浍。 ③纪昀云：“扼要之论，探出知音之本。”④第一观察作品建立的本体，《体性》等篇论之。第二观察作品

的修辞，《丽辞》等篇论之。第三观察作品的变通，《通变》等篇论之。第四观察作品的特殊和一般，《定势》等篇论之。第五观察作品的事实和义理，《事类》等篇论之。第六观察作品的声律，《声律》等篇论之。（见范文澜《文心雕龙注》）或谓一观位体当于《附会》篇求之。

夫缀文者情动而辞发，观文者披（文）[辞]以入情，沿波讨源，虽幽必显。世远莫见其面，觇文辄见其心。岂成篇之足深？患识照之自浅耳。夫志在山水，琴表其情①；况形之笔端，理将焉匿？故心之照理，譬目之照形：目瞭则形无不分，心敏则理无不达。然而俗（监）[鉴]之迷者，深废浅售，此庄周所以笑《折杨》②，宋玉所以伤《白雪》也③。昔屈平有言："文质疏内，众不知余之异采。"④见异唯知音耳。扬雄自称："心好沉博绝丽之文。"⑤其[不]事浮浅，亦可知矣。夫唯深识鉴奥，必欢然内怿，譬春台之熙众人，乐饵之止过客⑥。盖闻兰为国香，服媚弥芬⑦；书亦国华，玩（泽）[绎]方美⑧。知音君子，其垂意焉！

---

①伯牙鼓琴，志在泰山。钟子期听之曰："善哉乎鼓琴，巍巍乎若泰山！"志在流水。子期又曰："善哉乎鼓琴，汤汤乎若流水！"钟子期死，伯牙终身不复鼓琴。见《吕氏春秋·本味》。

②《庄子·天地篇》："大声不入于里耳，《折杨》《皇华》则嗑然而笑。"大声：《咸池六英》之乐。《折杨》《皇华》，皆

古歌曲。言俗人得啧曲则同声动笑。　③客歌郢中，其始为《下里》《巴人》，国中和者数千人；为《阳春》《白雪》，和者才数十人。是以曲弥高而和弥寡。见宋玉《对楚王问》。　④《楚辞·九章》语。　⑤扬雄《答刘歆书》中语。《老子》：“众人熙熙，如享太牢，如登春台。”　⑥《老子》：“乐与饵，过客止。”言乐与饵则能令过客止。　⑦《左传》宣公三年：“以兰为国香，人服媚之如是。”　⑧绎：寻绎。（从杨明照校改）

赞曰：洪钟万钧，夔、旷所定①。良书盈箧②，妙鉴乃订。流郑淫人③，无或失听。独有此律，不谬蹊径。

---

①洪钟：大钟。万钧：极言其重。此句言万钧之洪钟，乃识音之夔与师旷所定。　②盈箧：满箱。　③流郑：古代郑地流行的民间俗乐。

程　器[①]

《周书》论士，方之梓材，盖贵器用而兼文采也。是以朴斫成而丹雘施，垣墉立而雕杇附[②]。而近代辞人，务华弃实，故魏文以为："古今文人，（之）类不护细行。"韦诞所评，又历诋群才[③]，后人雷同，混之一贯，吁，可悲矣！

---

①本篇主要论述作家的品德修养、政治修养与文学创作的关系。纪昀认为："此亦有激之谈，不为典要。""此一篇彦和亦发愤而著书者。"刘永济对"有激之谈"作了很好的分析，认为本篇大旨在文行并重。　②《书·梓材》："若作室家，既勤垣墉，惟其涂塈茨；若作梓材，既勤朴斫，惟其涂丹雘。"言为政如梓人治材为器，已劳力朴治斫削，惟当涂以漆，丹以朱而后成，以喻教化须礼义始也。《古文尚书·五子之歌》："峻宇雕墙。"　③韦诞谓："仲宣伤于肥戆，休伯都无格检，元瑜病于体弱，孔璋实自粗疏，文蔚性颇忿鸷。"见《三国志·魏书·王粲传》注。

略观文士之疵：相如窃妻而受金[①]，扬雄嗜酒而少算[②]，敬通之不循廉隅[③]，杜笃之请求无厌[④]，班固谄窦以作威[⑤]，马融党梁而黩货[6]，文举傲诞以速诛[7]，正平狂憨以致戮[8]，仲宣轻（脆）[脱]以躁竞，孔璋惚恫以粗疏[9]，丁仪贪婪以乞（货）[贷]，路粹哺啜而无耻[10]，潘岳诡（诪）[祷]于愍怀[11]，陆机倾仄于贾郭[12]，傅玄刚隘而詈台[13]，孙楚（狠）[佷]愎而讼府[14]。诸（有）[如]此类，并文士之瑕累。文既有之，武亦宜然。古之将相，疵咎实多：至如管仲之盗窃[15]，吴起之贪淫[16]，陈平之污点，绛灌之谗嫉[17]。沿兹以下，不可胜数。孔光负衡据鼎，而仄媚董贤[18]；况班马之贱职[19]，潘岳之下位哉！王戎开国上秩，而鬻官嚣俗[20]；况马、杜之磬悬[21]，丁路之贫薄哉！然子夏无亏于名儒，（濬）[浚]冲不尘乎竹林者，名崇而讥减也[22]。若夫屈、贾之忠贞，邹、枚之机觉[23]，黄香之淳孝[24]，徐幹之沉默[25]，岂曰文士，必其玷欤！

---

①司马相如以琴心挑卓王孙女文君，文君夜奔相如。相如使蜀，有人上书言其受金，因失官。见《汉书·司马相如列传》。②扬雄素贫而嗜酒，家产不过十金，乏无儋石之储，晏如也。见《汉书·扬雄传》。　③冯衍娶北地女任氏为妻，老竟逐之。见《后汉书·冯衍传》。　④杜笃居美阳，与美阳令游，数从请托，不谐，颇相恨。见《后汉书·杜笃传》。　⑤班固为大将军窦宪参议，诸子多不遵法度，宪败，固先坐免官，见《后汉书·班固传》。　⑥马融为梁冀草奏李固；为南郡太守，受主计掾钱四十万。　⑦曹操表制酒禁，孔融以书争之，多侮之辞。既见曹操雄诈渐著，数不能堪，故发言偏宕，多致乖忤，遂

为曹操所杀。见《后汉书》本传。　⑧祢衡有才辩，刚傲慢物，不为曹操所容，送刘表，表亦不能容，送黄祖，卒为祖所杀，详《后汉书》本传。　⑨仲宣躁锐，陈琳粗疏，皆见《颜氏家训》。惚恫：忽遽之义。　⑩丁仪事未详。　⑪晋惠帝后贾氏欲废太子，逼太子饮而醉之，使潘岳作书草，如太子书意，因太子醉，令依而写之。后遂呈帝，废太子，旋杀之，后谥愍怀。　⑫贾后，贾充女，后从舅郭彰，与充相亲，共专朝政，时人谓之贾郭。陆机好游权门，与贾谧亲善，以此获讥。⑬傅玄性峻急，不能有所容，转司隶校尉，谒者制其位在卿下，玄恚怒，责谒者，谒者妄称尚书所处，玄对百僚骂尚书以下，以不敬免，见《晋书》本传。　⑭孙楚参石苞军事，与苞有隙。苞奏其讪毁时政，楚亦抗表自理。详《晋书》本传。　⑮管仲故成阴之狗盗，见《说苑》。　⑯吴起贪而好色，见《史记》本传。　⑰绛侯灌婴等谗陈平，言其家居盗嫂，受诸将金，见《史记》平世家。绛灌等又害贾谊，见《史记》本传。　⑱孔光为御史大夫时，董贤父恭在其下，哀帝宠贤，以为大司马，光遂谄事之。　⑲班：班固。马：马融。　⑳王戎以平吴功，封侯，以受赂，为司隶所弹，帝不问。见《晋书》本传。　㉑马：司马相如。杜：杜笃。《国语》："室如悬磬。"言器中空，喻家贫无所有。　㉒子夏：孔光字。光为孔子后，时尊为名儒。濬冲，王戎字。王戎与阮籍、嵇康、山涛、向秀、阮咸、刘伶为竹林之游，称"竹林七贤"。　㉓吴王濞有阴谋，邹阳谏不听。阳与枚乘等知吴不可说，皆去之梁。　㉔黄香年九岁，失母，思慕憔悴，人称至孝。见《后汉书》本传。　㉕徐幹清玄体道，不耽世荣。见《魏志·王粲传》注。

盖人禀五材①，修短殊用，自非上哲，难以求备。然将相以位隆特达，文士以职卑多诮；此江河所以腾涌，涓流所以寸折者也。名之抑扬，既其然矣，位之通塞，亦有以焉。盖士之登庸，以成务为用②。鲁之敬姜，妇人之聪明耳，然推其机综，以方治国③，安有丈夫学文，而不达于政事哉！彼扬、马之徒，有文无质，所以终乎下位也。昔庾元规才华清英，勋庸有声，故文艺不称；若非台岳，则正以文才也。文武之术，左右惟宜。郤縠敦书，故举为元帅④。岂以好文而不练武哉！孙武《兵经》，辞如珠玉，岂以习武而不晓文也！

---

①《汉书·刑法志》："怀五常之性。"五材：即五常，仁、义、礼、智、信。　②登庸：被举进用之义。成务：成天下之务。　③公父文伯相鲁，母敬姜方织，谓之曰："治国之要，尽在经矣。夫幅者，所以正曲枉也，不可不强，故幅可以为将。画者，所以均不均，服不服也。故画可以为正。推而往，引而来者，综也，综可以为閫内之师。"见《列女传·母仪》。④晋侯作三军，谋元帅。赵衰曰："郤縠可。臣亟闻其言矣，说礼乐而敦《诗》《书》。"见《左传》僖公二十七年。

是以君子藏器，待时而动，发挥事业，固宜蓄素以弸中，散采以彪外①，楩柟其质，豫章其干②。摛文必在纬军国，负重必在任栋梁。穷则独善以垂文，达则奉时以骋绩。若此文人，应《梓材》之士矣。

①弸中、彪外：见《法言》。弸：满。彪：文。言积行内满，文辞外发。　②豫章：大木。

赞曰：瞻彼前修①，有懿文德②。声昭楚南③，采动梁北④。雕而不器⑤，贞干谁则⑥？岂无华身，亦有光国。

①瞻：视也。前修：前贤。　②《周易·小畜》："君子以懿文德。"懿：美也。文德：政教之德。　③楚南：指屈原。　④梁北：指枚乘。　⑤雕：喻修德。《论语·为政》："子曰：'君子不器。'"　⑥《庄子·列御寇》："吾以仲尼为贞干。"成玄英疏："言仲尼有忠贞干济之德。"则：效法。

序 志①

夫"文心"者，言为文之用心也。昔涓子《琴心》②，王孙《巧心》③，心哉美矣，故用之焉。古来文章，以雕缛成体，岂取驺奭之群言"雕龙"也④！夫宇宙绵邈，黎献纷杂⑤，拔萃出类，智术而已。岁月飘忽，性灵不居，腾声飞实，制作而已。夫（有）[人]肖貌天地，禀性五才，拟耳目于日月，方声气乎风雷，其超出万物，亦已灵矣⑥。形（同）[甚]草木之脆，名逾金石之坚，是以君子处世，树德建言。岂好辩哉？不得已也。

---

①此篇揭橥著书之宗旨与其书之体例，实为全书之总序。②黄侃谓：涓子疑即战国齐之环渊。言黄老道德之术，著书上下篇，《琴心》盖其所著书之名。③《汉书·艺文志》有儒家《王孙子》一篇，一曰《巧心》。④《史记·孟荀列传》："雕龙奭。"言奭修饰之文，若雕镂龙文。⑤黎献：谓众贤。《古文尚书·益稷》："万邦黎献。"⑥《汉书·刑法志》："夫人宵天地之貌，怀五常之性，聪明精粹，有生之最灵者也。"宵：义与"肖"同。《春秋繁露·人副天数篇》："耳目戾戾，象日月也，鼻口呼吸，象风气也。"

予生七龄，乃梦彩云若锦，则攀而采之。齿在逾立①，（则）尝夜梦执丹漆之礼器②，随仲尼而南行。旦而寤，乃怡然而喜。大哉圣人之难见哉，乃小子之垂梦欤！自生（人）[民]以来，未有如夫子者也。敷赞圣旨，莫若注经；而马、郑诸儒，弘之已精③；就有深解，未足立家。唯文章之用，实经典枝条；五礼资之以成④，六典因之致用⑤。君臣所以炳焕，军国所以昭明，详其本源，莫非经典。而去圣久远，文体解散；辞人爱奇，言贵浮诡，饰羽尚画⑥，文绣鞶帨⑦，离本弥甚，将遂讹滥。盖《周书》论辞，贵乎体要；尼父陈训，恶乎异端⑧。辞训之异，宜体于要。于是搦笔和墨⑨，乃始论文。

---

①逾立：过三十岁。 ②丹漆之礼器：祭器，笾豆之属。 ③马融注《孝经》《论语》《尚书》《诗》《易》《三礼》等，著《三传异同说》。郑玄有《毛诗笺》《周礼》《仪礼》《礼记注》等。 ④五礼：指吉、凶、军、宾、嘉礼。 ⑤周太宰之职，掌建邦六典，一曰治典，二曰教典，三曰礼典，四曰政典，五曰刑典，六曰事典。 ⑥饰羽尚画：哀公问于颜阖曰："吾以仲尼为贞干，国其瘳乎？"曰："仲尼方且饰羽而画，从事华辞，华辞夫何足以上民。"见《庄子·列御寇》。 ⑦《法言》："今之学也，非独为之华藻，又从而绣其鞶帨。"鞶帨：带与巾。 ⑧《论语》："攻乎异端，斯害也已。"

⑨搦：持也。

详观近代之论文者多矣。至于魏文述典①，陈思序书②，应玚《文论》，陆机《文赋》③，仲洽《流别》，弘范《翰林》④：各照隅隙，鲜观衢路；或臧否当时之才，或铨品前修之文，或泛举雅俗之旨，或撮题篇章之意。魏典密而不周，陈书辩而无当，应论华而疏略，陆赋巧而碎乱，《流别》精而少（巧）[功]，《翰林》浅而寡要。又君山、公幹之徒⑤，吉甫、士龙之辈⑥，泛议文意，往往间出，并未能振叶以寻根，观澜而索源。不述先哲之诰，无益后生之虑。

---

①魏文述典：《典论·论文》，见《文选》。　②陈思王与杨修书，见《文选》。　③应玚有《文质论》，见严可均辑《全后汉文》。陆机《文赋》，见《文选》。　④应仲洽，即应玚，有《文章流别论》，全文已佚，仅有十余条，见严可均辑《全晋文》。李充，字弘度，此云弘范，或其字两行。李充《翰林论》三卷，仅存数条于严可均辑《全晋文》。　⑤桓谭，字君山，著《新论》，颇有论文之言。刘公幹论文语，仅见本书《风骨》《定势》所引两条。　⑥应吉甫论文语，今无考。陆云与兄陆机书，大抵商量文事。

盖《文心》之作也，本乎道，师乎圣，体乎经，酌乎纬，变乎骚。文之枢纽，亦云极矣。若乃论文叙笔，则囿别区分；原始以表末，释名以章义，选文以定篇，敷理以举统。上篇以上，纲领明矣①。至于（割）[剖]情析采②，笼圈条贯，摛神性，图风势，苞会通，阅声字，崇替于《时序》，褒贬于《才略》，怊怅于《知音》，耿介于《程器》，长怀《序志》，以驭群篇。下篇以下，毛目显矣③。位理定名，彰乎大衍之数；其为文用，四十九篇而已④。

---

①本书前二十五篇为上篇。论文叙笔，谓：自《明诗》至《哀吊》，皆论有韵之文；《杂文》《谐隐》两篇，或韵，或不韵，故置于中；《史传》以下，则叙无韵之笔。“原始以表末”四句，可以《颂赞》篇示例：自“昔帝喾之世”起，至“相继于时矣”止，此原始以表末也；“颂者，容也”二句，此释名以章义也；“若夫子云之表充国”以下，此选文以定篇也；“原夫颂惟典雅”以下，此敷理以举统也。　②情：指《神思》以下诸篇。采：指《声律》以下。　③本书后二十五篇为下篇。毛目：毛举之目。　④《易·系辞上》：“大衍之数五十，其用四十有九。”大易，疑当作“大衍”，本书正文四十九篇，并本篇序文为五十篇。

夫铨序一文为易，弥纶群言为难。虽复轻采毛发，深极骨髓，或有曲意密源，似近而远，辞所不载，亦不胜数矣。及其品（列）[评]成文，有同乎旧谈者，非雷同也，势自不可异也。有异乎前论者，非苟异也，理自不可同也①。同之与异，不屑古今，擘肌分理，唯务折衷。按辔文雅之场，环络藻绘之府，亦几乎备矣。但言不尽意，圣人所难；识在瓶管[2]，何能矩矱？茫茫往代，既（沈）[洗]予闻[3]；眇眇来世，倘尘彼观也。

---

①同异是非，称心而论，不存成见，自少纷纭，故本书多袭前人之言，非必以己言为贵也。　②挈瓶窥管：皆喻小智。③洗：犹“涤”。

赞曰：生也有涯，无涯惟智[1]。逐物[2]实难，凭性[3]良易。傲岸泉石[4]，咀嚼[5]文义。文果载心，余心有寄。

---

①《庄子·养生主》：“吾生也有涯，而知也无涯。以有涯随无涯，殆已！”　②逐物：原指俗士追逐名利以满足私欲，为雅人所不取。此处指汲汲求仕。　③凭性：犹称心，随心所欲，不受拘制。　④鲍照《代挽歌》：“傲岸平生中，不为物所裁。”泉石：犹云山林，本篇指隐遁之地。　⑤咀嚼：钻研。